KB066748

와글와글

3D
상상놀이터
매지카복셀&엔트리

김민정 지음

MAGICAVOXEL

ENTRY

CODING

MARNE
M A R I N E B O O K S

이 책의 목차
CONTENTS

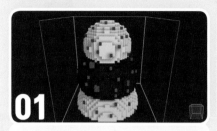

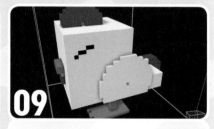

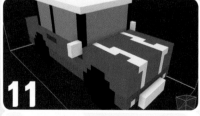

상상한 대로 귀여운 3D 모델을 만들어보고
스토리의 주인공이 되도록 코딩해 보세요!

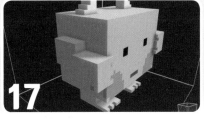

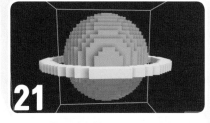

매지카복셀 시작하기

01

예림이는 3D 피규어를 만들기 위해 매지카복셀을 다운로드했어요. 여러분이 예림이가 매지카복셀을 사용할 수 있도록 사용 방법과 기능에 대해 소개해 주세요.

학습목표

▷ 프로그램을 다운로드하여 실행할 수 있습니다.
▷ 매지카복셀 화면 구성을 확인할 수 있습니다.
▷ 도형을 추가할 수 있습니다.
▷ 도형의 색상과 모양을 변경할 수 있습니다.

· 완성파일 : 아이스크림(완성).vox

이렇게 만들어요

매지카복셀(MagicaVoxel)은 3D 모델을 만들 수 있는 무료 프로그램으로, 3D 게임 캐릭터나 3D 프린터로 프린트할 수 있는 모델을 만들 수 있습니다.

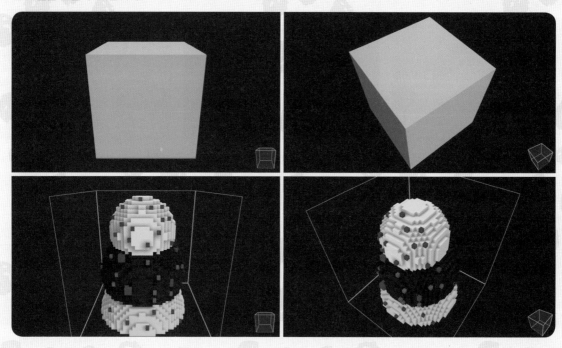

☑ 사용할 주요 기능

기능	메뉴	설명
구 그리기	Brush 의 V 를 선택하고 Voxel 을 Sphere 로 선택	드래그하여 구 모양을 그립니다.
복셀의 색상 설정하기	Palette	그려질 복셀의 색을 팔레트에서 선택합니다.
복셀의 크기 설정하기	Voxel 의 1	그려질 복셀의 크기를 숫자를 입력해 설정합니다.

매지카복셀 다운로드 받기

➊ 매지카복셀 사이트(https://ephtracy.github.io/)에 접속하여 프로그램을 다운로드 받습니다.

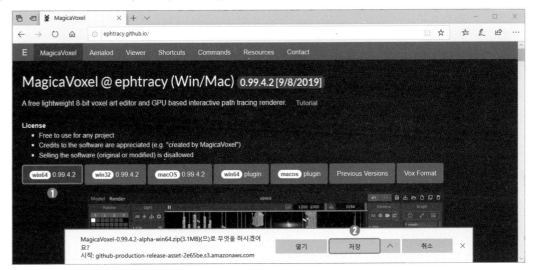

 윈도우10은 대부분 64비트이므로 win64 0.99.4.2 를 클릭하여 다운로드 받습니다. 운영체제의 종류는 바탕화면의 [내 PC] 아이콘
을 마우스 오른쪽으로 클릭하여 [속성]을 선택하면 확인할 수 있습니다.

➋ 매지카복셀 프로그램 압축 파일을 풀고 실행파일(🐱 MagicaVoxel)을 더블클릭하여 실행합니다.

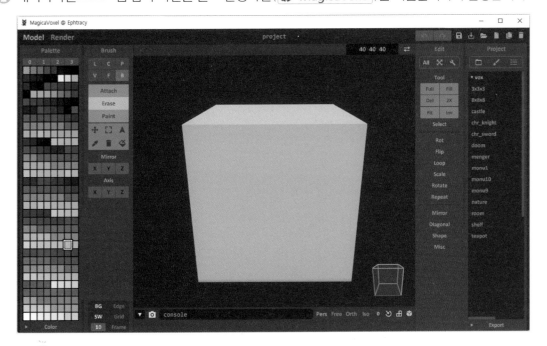

 실행파일 위에서 마우스 오른쪽 버튼을 클릭하여 [보내기] – [바탕 화면에 바로 가기 만들기]를 선택하거나 프로그램 실행 후 작
업 표시줄의 아이콘 위에서 마우스 오른쪽 버튼을 클릭하여 [작업 표시줄에 고정]을 선택하면 편리하게 실행할 수 있습니다.

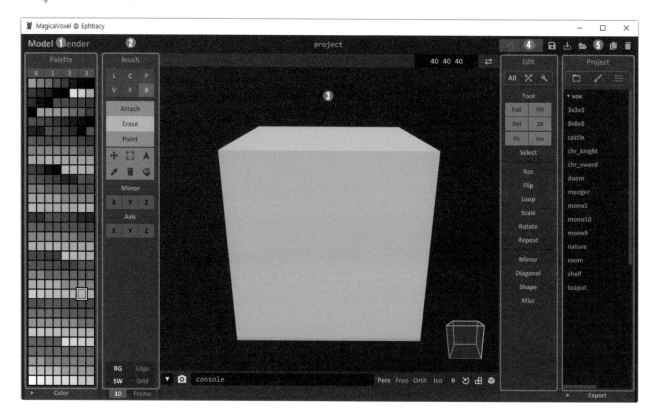

❶ Palette(팔레트)

3D 모델링 시 다양한 색상을 선택할 수 있는 공간으로, 팔레트의 색상은 4가지(기본, 파스텔, 음영, 회색)로 구분되어 있습니다.

❷ Brush(브러시)

3D 모델링 시 사용할 수 브러시가 준비되어 있습니다.

① 브러시 종류

· 선(**L**) : 작업창에 선(Line)을 추가하거나 제거할 수 있습니다.

· 원(**C**) : 작업창에 원(Circle)을 추가하거나 제거할 수 있습니다.

· 패턴(**P**) : 패턴 목록에서 선택한 패턴(Pattern)을 불러와 작업창에 추가하거나 제거할 수 있습니다.

· 복셀(**V**) : 복셀(Voxel)은 매지카복셀에서 디자인할 수 있는 단위로, 복셀의 크기를 조절하여 작업창에 복셀을 추가하거나 제거할 수 있습니다.

· 면(**F**) : 작업창에 그려진 복셀의 면(Face)을 선택하면 늘리거나 제거할 수 있습니다.

· 박스(**B**) : 원하는 크기의 사각형 박스(Box)를 자유롭게 추가하거나 제거할 수 있습니다.

복셀()을 선택한 후 하단의 ▨ 숫자를 변경하면 복셀의 크기를 조절할 수 있습니다.

② 브러시 사용 속성

· Attach(Attach) : 복셀을 추가합니다.

· Erase(Erase) : 복셀을 제거합니다.

· Paint(Paint) : 복셀의 색상을 변경합니다.

③ 블록 편집 도구

· 영역 이동(✛) : 선택된 복셀을 이동합니다.

· 복셀 선택(▨) : 드래그하여 복셀을 선택합니다.

· 영역 선택(▲) : 조건(복셀(V) 선택, 면(F) 선택, 모두(A) 선택)에 따라 영역을 선택합니다.

· 스포이트(✎) : 클릭한 위치의 복셀 색상을 가져옵니다.

· 휴지통(🗑) : 선택한 색상의 복셀을 제거합니다.

· 페인트 통(◆) : 선택한 색상의 복셀을 팔레트의 색상으로 변경합니다.

④ 복셀 추가 방법

· Mirror(▨) : 복셀을 추가할 때 선택한 좌표(x,y,z)값에 따라 거울처럼 반대쪽 벽에 같은 복셀이 만들어집니다.

· Axis(▨) : 복셀을 추가할 때 선택한 좌표(x,y,z)값에 따라 반대쪽 벽까지 같은 모양의 복셀이 이어져 기둥이 만들어집니다.

❸ 작업창

3D 모델을 제작할 수 있는 공간으로, 작업창을 회전시키거나 크기를 변경할 수 있습니다.

① 작업창 사이즈 조절 : 작업창 상단의 ▨ 16 16 16 의 숫자(x,y,z)를 변경하면 작업창의 크기가 변경됩니다.

② 작업창 장면 회전 : 작업창 하단의 ▨ x:- y:- z:- Pers Free Orth Iso 를 이용하여 작업창을 회전할 수 있습니다.

 · 작업창 회전 : 마우스 오른쪽 버튼으로 드래그
· 작업창 확대/축소 : 마우스 휠을 위/아래로 스크롤
· 작업창 이동 : 마우스 휠로 드래그

❹ Edit(편집)

복셀을 선택하거나 이동, 회전시킬 수 있습니다.

❶ 복셀을 추가하거나 선택할 수 있는 메뉴가 모여 있습니다.

❷ 복셀을 회전하거나 이동시킬 수 있는 메뉴가 모여 있습니다.

❸ 복셀을 다양한 모양으로 추가하거나 디자인을 수정할 수 있는 메뉴가 모여 있습니다.

❺ Project(프로젝트)

매지카복셀에서 제공하는 3D 모델을 불러오거나 저장되어 있는 3D 모델을 패턴으로 불러올 수 있습니다.

❶ 저장한 3D 모델을 불러와 추가 작업을 진행할 수 있습니다.

❷ 저장된 3D 모델을 패턴으로 불러와 작업창에 추가할 수 있습니다.

작업한 모델을 패턴으로 사용하려면 사용할 파일이 MagicaVoxel-0.99.4.2-alpha-win32₩vox 폴더(64비트 폴더 경로 : MagicaVoxel-0.99.4.2-alpha-win64₩vox)에 있어야 합니다.

매지카복셀에 블록 추가하기

① 매지카복셀을 실행했을 때 작업창에 채워져 있는 블록을 제거하기 위해 **Edit** 의 **Del** 을 선택합니다.

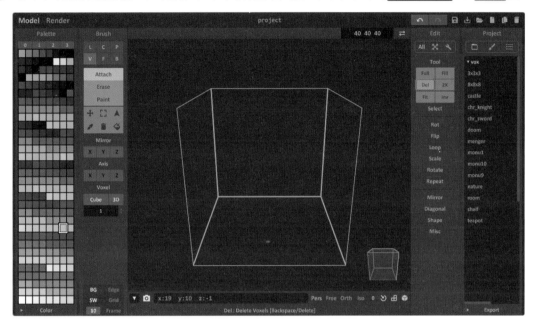

② 아이스크림 모양을 만들기 위해 **Brush** 의 **V** 와 **Attach** 를 선택합니다.

③ **Voxel** 의 모양을 **Sphere** 로 선택하여 모양을 사각에서 구로 변경한 후 브러시 크기 숫자 오른쪽의 크기 조절 아이콘(⬍)을 위쪽으로 드래그하여 블록의 크기를 '30'으로 지정합니다.

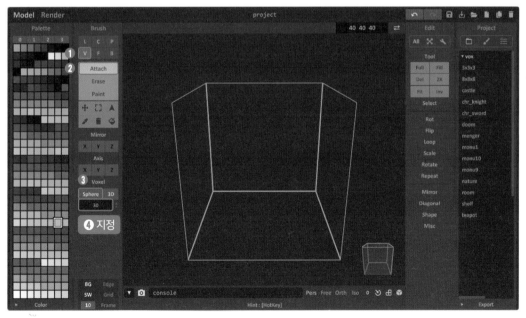

 Voxel 의 모양은 클릭할 때마다 'Sphere'와 'Cube'로 바뀝니다.

❹ Palette 에서 원하는 색상을 선택한 후 적당한 위치에서 클릭하여 작업창 바닥에 반구를 하나 만들어 봅니다.

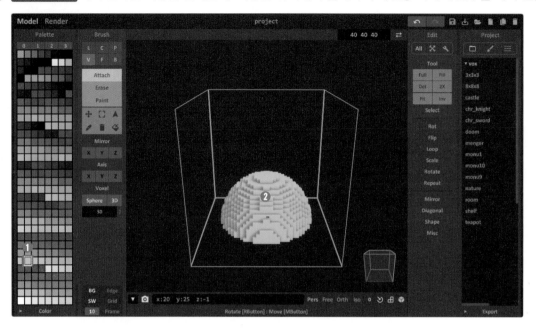

❺ Voxel 의 크기를 '28'로 변경한 후 Palette 에서 색상을 변경합니다.

❻ 작업창에 그려진 반구 위에서 클릭하여 또 다른 구 하나를 만듭니다.

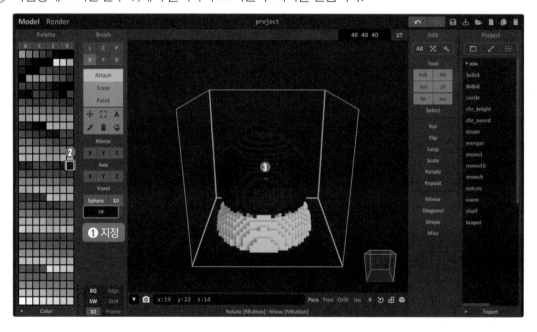

❼ 아이스크림에 장식을 하기 위해 `Voxel` 의 크기를 '2'로 변경합니다.

❽ `Palette` 에서 색상을 변경하고, 아이스크림 모양 위에 데코를 완성합니다.

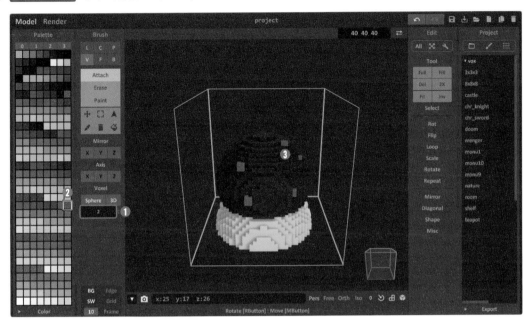

❾ ❺~❽과 같은 방법으로 `Voxel` 의 크기와 색상을 변경하여 아이스크림을 완성해 봅니다.

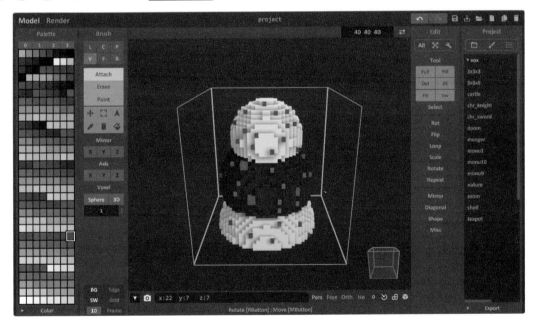

⑩ 완성한 작품을 저장하기 위해 상단 메뉴 중 [저장()]을 클릭합니다. [다른 이름으로 저장] 대화상자가 나타나면 파일 이름에 "아이스크림"을 입력하고 [저장] 버튼을 클릭합니다.

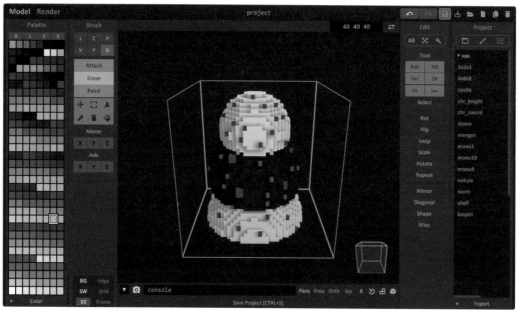

 매지카복셀에서 저장한 파일은 *.vox로 저장되며 저장한 파일을 다시 불러와 수정할 수 있습니다.

⑪ 'png' 파일로 저장하기 위해 오른쪽 하단 메뉴 중 ▼ Export 에서 2d 를 클릭한 후 [다른 이름으로 저장] 대화상자가 나타나면 파일 이름을 "아이스크림"으로 저장합니다.

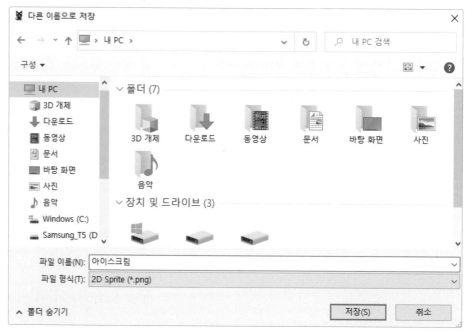

 완성한 모델을 저장해 놓으면 필요할 때 패턴으로 불러와 작업창에 추가하여 사용할 수 있으므로, 새로운 폴더를 만들어 완성한 모델을 한 곳에 모아두는 것이 좋습니다.

혼자서 미션 해결하기

01 매지카복셀에서 그림과 같은 '눈사람'을 모델링하고 예쁘게 색칠해 보세요.

완성파일 : 눈사람(완성).vox

 힌트

마우스 오른쪽 버튼으로 장면을 드래그하여 회전시켜 보면서 작업하면 좀 더 정확하게 작업할 수 있습니다.

02 '핫도그' 모양을 모델링하고 예쁘게 꾸며 봅니다.

완성파일 : 핫도그(완성).vox

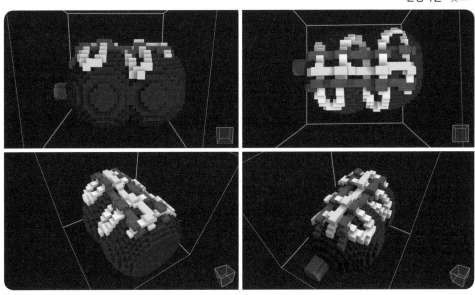

3D 모델 위치 이동하기

02

예림이는 매지카복셀로 만든 예쁜 캐릭터를 원하는 위치로 이동해보고 싶었어요. 여러분이 예림이를 도와 불러온 모델의 위치를 이동시켜 주세요.

▸ 장면을 회전시킬 수 있습니다.
▸ 3D 모델을 선택할 수 있습니다.
▸ 3D 모델의 위치를 변경할 수 있습니다.

· 실습파일 : 위치이동.vox   · 완성파일 : 위치이동(완성).vox

이렇게 만들어요

3D 모델의 위치를 이동하기 위해 3D 모델을 선택하는 방법과 작업창의 화면을 회전하는 방법을 배울 수 있습니다.

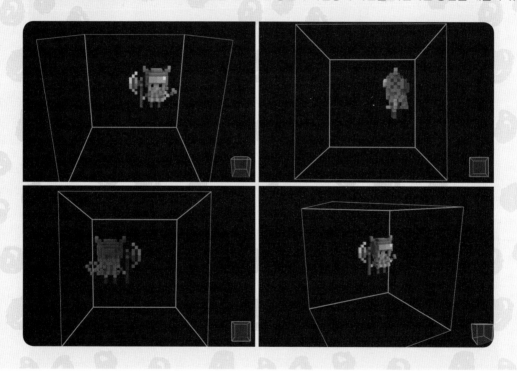

✅ 사용할 주요 기능

기능	메뉴	설명
장면 뷰 이동하기	마우스 오른쪽 버튼 드래그	마우스 오른쪽 버튼으로 드래그하여 장면을 회전합니다.
장면 확대/축소하기	마우스 휠 스크롤	마우스 휠을 위/아래로 스크롤하면 장면이 확대/축소됩니다.
복셀 선택하기	Brush 의 ⬚	클릭하거나 드래그하여 복셀을 선택합니다.
복셀 이동하기	Brush 의 ✛	선택한 복셀을 드래그하여 이동시킵니다.

❶ [열기(📂)]를 선택한 후 [열기] 대화상자에서 [실습파일]-[02차시]에 있는 '위치이동.vox'를 선택하고 [열기] 버튼을 클릭합니다.

❷ 작업창을 회전하기 위해 작업창 하단의 'Pers'를 확인한 후 작업창에서 마우스 오른쪽 버튼으로 화면을 드래그합니다.

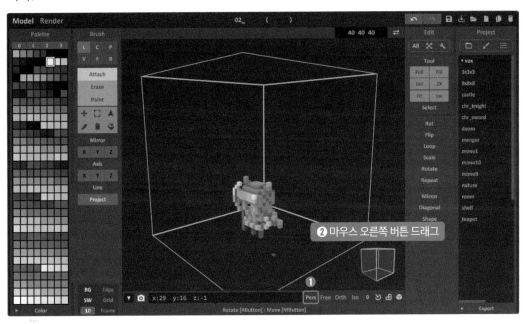

 'Pers'는 작업창을 상하좌우로 360도 회전시킬 수 있습니다.

❸ 마우스 휠을 위로 스크롤하여 장면을 확대시켜 보고, 아래로 스크롤하여 장면을 축소시켜 봅니다.

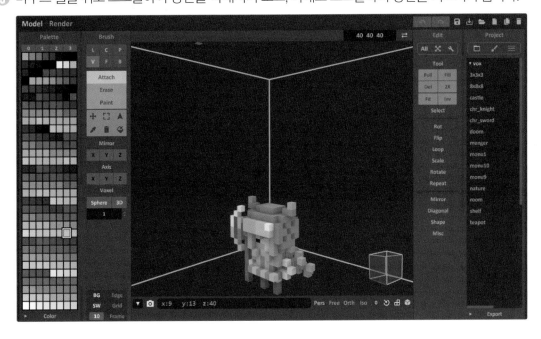

④ 마우스 휠을 드래그하여 3D 모델을 이동시켜 봅니다.

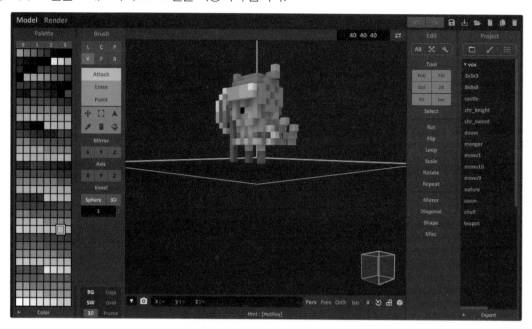

2 여러 방법으로 3D 모델 영역 선택하기

❶ Brush 의 🔲 을 선택하고 작업창에 있는 3D 모델을 드래그하여 영역을 선택합니다.

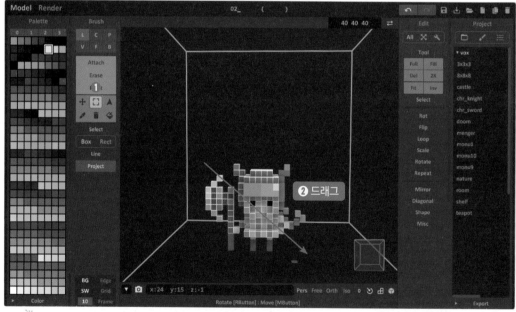

 선택을 해제하려면 복셀 이외의 장면을 클릭하거나 Ctrl + D 를 누릅니다.

❷ 선택되지 않은 복셀을 추가로 선택하기 위해 [Shift]를 누른 상태에서 드래그하여 추가로 선택합니다.

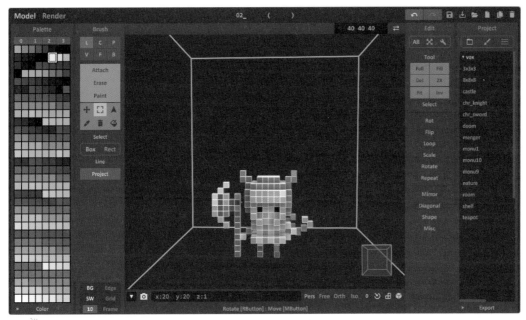

 복셀 전체를 선택하려면 [Ctrl]+[A]를 누릅니다.

 3D 모델 위치 변경하기

❶ 선택된 복셀의 위치를 변경하기 위해 Brush 의 ✛을 클릭합니다.

❷ 모델을 왼쪽에서 오른쪽으로 드래그하여 모델을 이동시켜 봅니다.

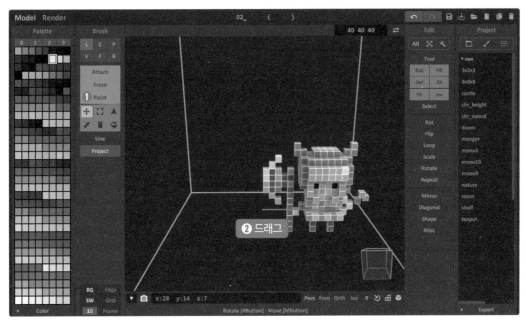

③ 작업창을 회전하기 위해 작업창 하단의 'Pers'를 확인한 후 마우스 오른쪽 버튼으로 화면을 드래그하여 모델의 옆 모습이 보이도록 작업창을 회전합니다. 모델을 앞쪽에서 뒤쪽으로 드래그하여 이동시켜 봅니다.

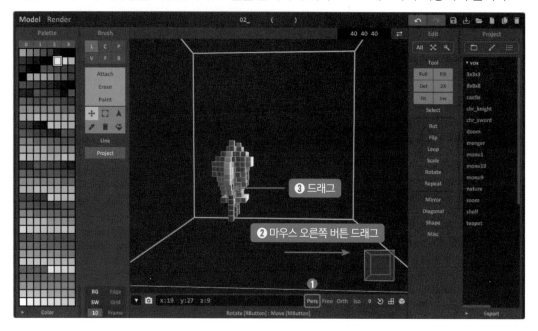

④ 마우스 오른쪽 버튼으로 화면을 드래그하여 모델의 앞모습이 보이도록 작업창을 회전합니다. 모델을 아래쪽에서 위쪽으로 드래그하여 이동시켜 봅니다.

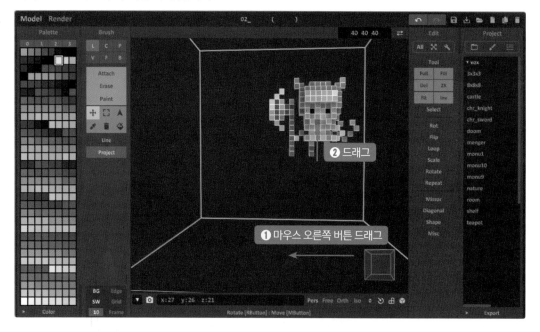

01 Ctrl+A를 눌러 떠 있는 성을 전체 선택한 후 성을 바닥으로 이동시켜 봅니다.

실습파일 : 성 이동.vox   완성파일 : 성 이동(완성).vox

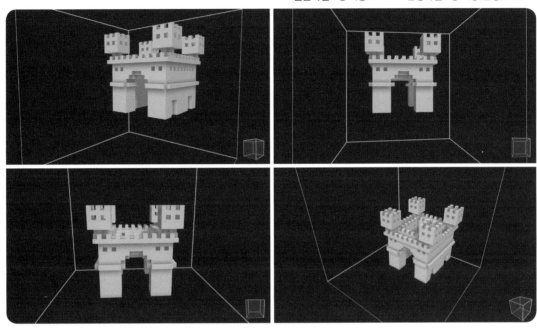

02 'Brush'의 '영역선택( )'과 '영역이동( )'을 이용하여 여자 캐릭터를 남자 캐릭터와 같은 위치로 이동시킵니다.

실습파일 : 캐릭터 이동.vox   완성파일 : 캐릭터 이동(완성).vox

03 다양한 얼굴 표정 만들기

매지카복셀을 연습하다가 예림이는 문득 여러 가지 표정의 얼굴을 만들어 보고 싶어졌어요. 이모티콘처럼 만들어 이미지로 저장하면 재미있는 그림을 만들 수 있을 것 같았죠. 여러분이 예림이가 다양한 캐릭터를 만들 수 있도록 도와주세요.

학습목표
▹ 얼굴 모양을 2D로 작업할 수 있습니다.
▹ 작업한 캐릭터를 복사할 수 있습니다.
▹ 복사한 캐릭터에 표정을 그릴 수 있습니다.
▹ 작업한 캐릭터를 삭제할 수 있습니다.

· **실습파일** : 얼굴 표정 그리기.vox   · **완성파일** : 얼굴 표정 그리기(완성).vox

이렇게 만들어요

같은 모양의 작품이 여러 개 필요할 때는 작업한 작품을 선택한 후 복사해서 사용할 수 있어요. 복사 기능을 이용해 다양한 표정의 얼굴을 만들어 보세요.

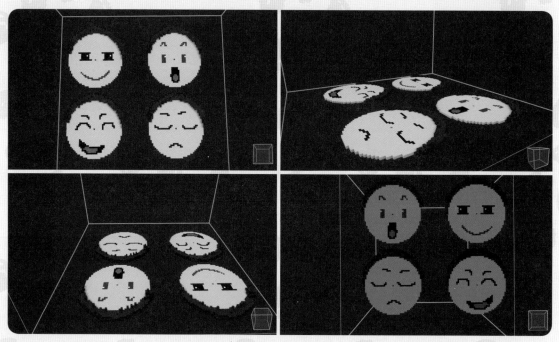

✔ 사용할 주요 기능

기능	메뉴	설명
복셀 복사하고 붙여 넣기	Edit 의 Select 에서 Copy , Paste	선택한 복셀을 복사하고 붙여 넣습니다.
원 그리기	Brush 의 C	중심점에서 드래그하여 원을 그립니다.
복셀 그리기	Brush 의 V	지정한 크기로 복셀을 추가합니다.

2D로 얼굴 모양 만들기

① [열기(📁)]를 선택한 후 [열기] 대화상자에서 [실습파일]–[03차시]에 있는 '얼굴 표정 그리기.vox'를 선택하고 [열기] 버튼을 클릭합니다.

② 작업창 바닥에 얼굴 모양을 만들기 위해 작업창 정면쪽 벽을 마우스 오른쪽 버튼으로 아래쪽으로 드래그합니다.

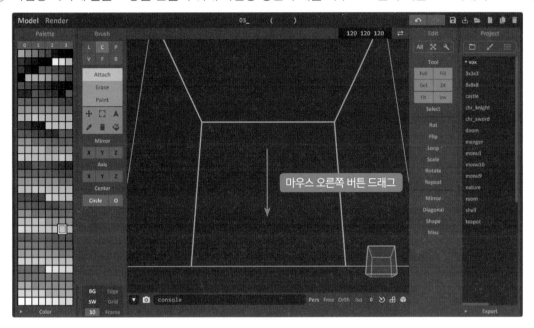

③ 원 하나를 작업창 바닥에 그리기 위해 **Palette** 에서 살구색(▨)을 선택한 후 **Brush** 의 **C** 와 **Attach** 를 선택합니다.

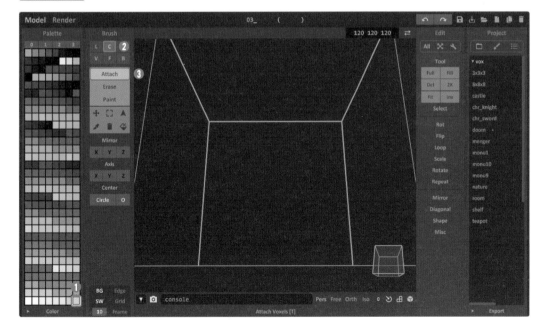

④ 원의 중심점에서 드래그하여 작업창의 바닥면에 원을 하나 그립니다.

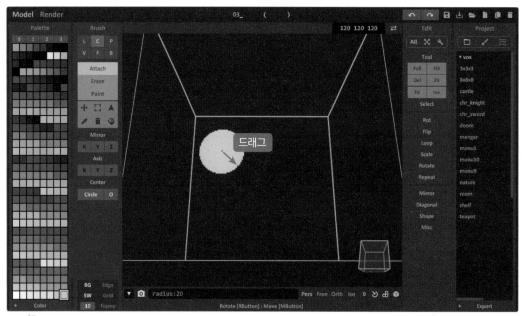

💡 작업이 잘못되어 취소할 경우 Ctrl + Z 를 누르면 작업이 취소됩니다.

⑤ 얼굴 모양에 머리를 그리기 위해 Palette 에서 갈색()을 선택한 후 Brush 의 V 를 선택합니다.

⑥ 마우스 휠을 앞으로 밀어 작업창을 확대한 후 클릭하여 자유롭게 머리카락을 만들어 봅니다.

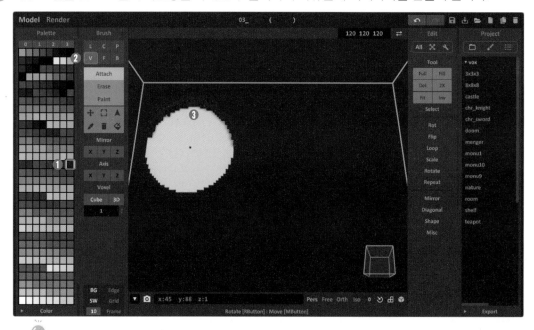

💡 원을 만들 때 중간에 중심점이 비워져 있으면 이후 같은 위치에 원을 쌓아올릴 때 중심점
이 비워져 있어 원이 만들어지지 않습니다. 그럴 때는 복셀을 추가하여 중심점을 채워줘
야 합니다.

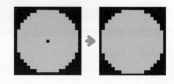

① 작업한 얼굴 모양 전체를 선택하기 위해 키보드에서 Ctrl+A 를 눌러 선택한 후 [Edit]의 [Select]에서
[Copy]를 클릭해 복사합니다.

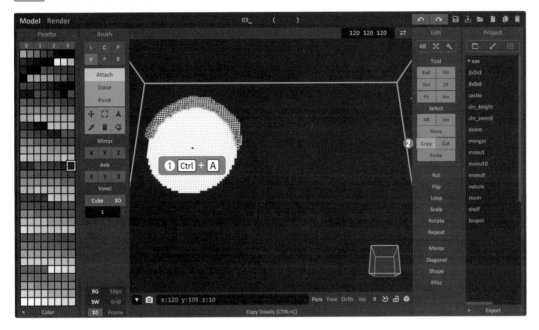

② 복사한 영역을 붙여 넣기 위해 [Edit]의 [Select]에서 [Paste]를 클릭한 후 [Brush]의 ✛ 을 선택하
고 복제된 영역을 오른쪽으로 드래그합니다.

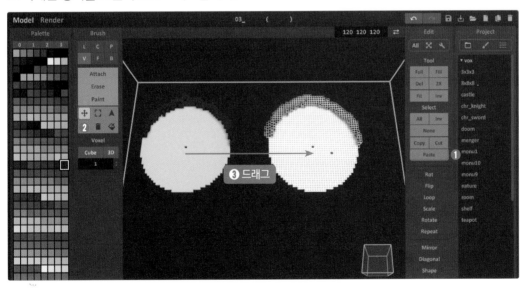

 선택한 복셀을 복사하고 붙여 넣으려면 Ctrl+C, Ctrl+V 를 눌러도 됩니다.

③ 같은 방법으로 두 얼굴 모양 전체를 선택(Ctrl+A)하여 ①~②와 같이 복사한 후 아래쪽으로 이동합니다.

❶ 영역을 해제하기 위해 Ctrl+D를 누른 후 Palette 에서 검은색(■)을 선택합니다. 얼굴을 그리기 위해
  Brush 의 V 와 Paint 를 선택합니다.

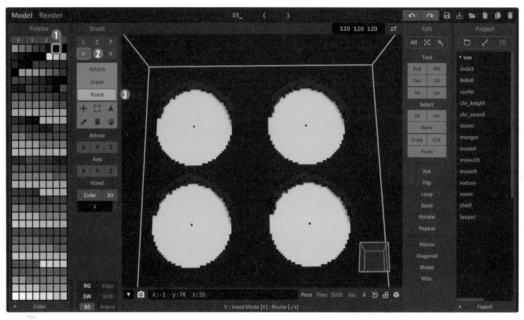

 화면이 크게 보이면 마우스 휠을 아래로 스크롤하여 작업창의 크기를 축소합니다.

❷ 첫 번째 얼굴에 웃는 표정을 자유롭게 그려 넣습니다.

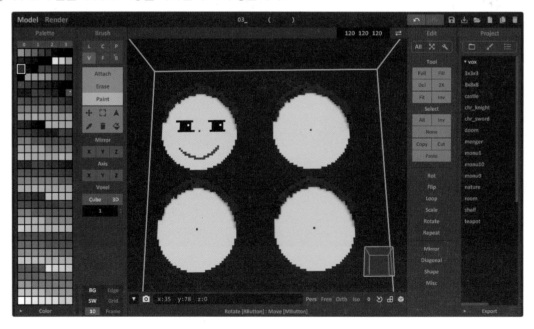

❸ 다른 얼굴에도 ❷와 같이 다양한 표정을 그려 넣습니다.

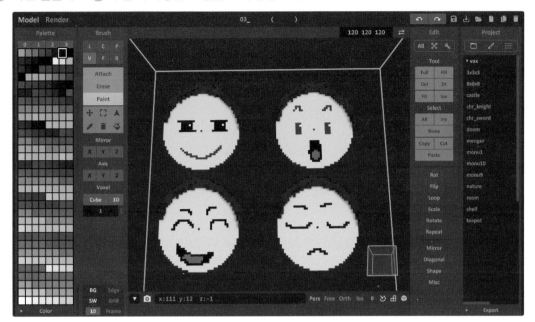

 불필요한 블록 삭제하기

❶ 불필요한 블록을 삭제하기 위해 [Brush]의 [▲]을 선택한 후 [Shift]를 누른 채 클릭하여 삭제할 블록을 선택하고 [Delete]를 눌러 삭제해 봅니다.

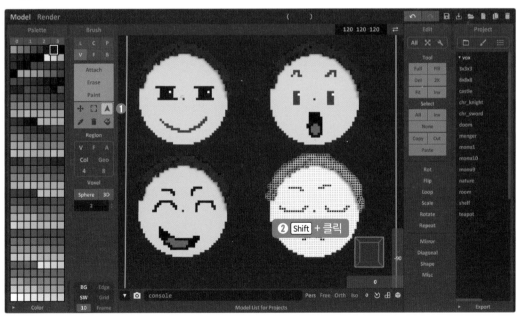

 [Brush]의 [▲]을 이용하면 같은 색상을 블록을 한 번에 선택할 수 있습니다. [Brush]의 [Erase]를 선택한 후 [L], [C], [P], [V], [F], [B] 중 브러시 하나를 선택하고 삭제할 블록을 드래그하거나 클릭하여 블록을 삭제할 수도 있습니다.

01 '시계'를 모델링하고 시침과 분침을 만들어 보세요.

실습파일 : 시계.vox   완성파일 : 시계(완성).vox

02 피라미드 가장 위쪽에 있는 불필요한 노란색 블록을 제거해 보세요.

실습파일 : 피라미드.vox   완성파일 : 피라미드(완성).vox

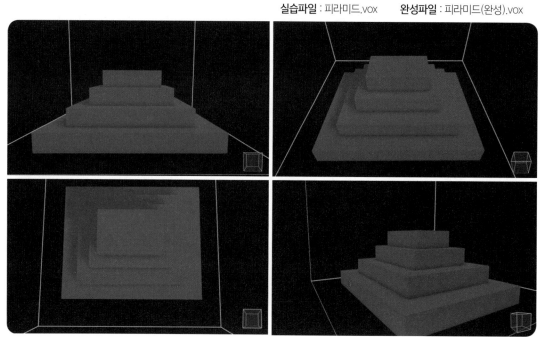

같은 모델 한 번에 만들기

04

진솔이는 매지카복셀을 이용해 자기 방을 만들어 보고 싶었어요. 그런데 방을 보니 양쪽 벽면에 창문의 위치가 같았어요. 똑같은 모양을 빠르게 만들 방법이 없을까요? 여러분이 미러 기능을 이용하여 진솔이의 방을 함께 만들어 주세요.

학습 목표
▹ 작업창의 x, y, z 좌표를 이해할 수 있습니다.
▹ Mirror(미러) 기능을 활용할 수 있습니다.

· **실습파일** : 방 만들기.vox   · **완성파일** : 방 만들기(완성).vox

이렇게 만들어요

매지카복셀의 Mirror(미러) 기능으로 제작하는 모델의 반대쪽도 똑같이 만들 수 있습니다. Mirror 기능을 이용하여 같은 모양의 벽을 빠르게 완성해 보세요.

☑ 사용할 주요 기능

기능	메뉴	설명
미러 기능	Mirror 의 X , Y , Z	선택한 축의 반대편에도 같은 복셀을 그립니다.
색 설정하기	Palette	그릴 복셀의 색을 팔레트에서 지정합니다.

x, y, z 좌표 이해하기

❶ 매지카복셀을 실행하고 **Edit** 의 **Tool** 에서 **Del** 을 클릭한 후 **Brush** 의 **B** 와 **Attach** 를 선택하고 미러 기능을 켜기 위해 **Mirror** 의 **X** 를 선택합니다.

❷ x 좌표를 이해하기 위해 **Palette** 에서 색상을 선택한 후 작업창의 왼쪽 벽에 사각형을 하나 만들어 봅니다. 왼쪽 벽에 사각형을 그리면 오른쪽 벽에도 사각형이 만들어집니다.

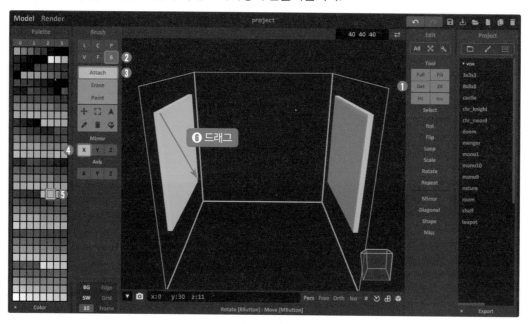

❸ **Mirror** 의 **X** 를 클릭해 선택 해제하고, **Y** 를 선택합니다.

❹ y 좌표를 이해하기 위해 **Palette** 에서 다른 색상을 선택한 후 작업창의 뒤쪽 벽에 사각형을 하나 만들어 봅니다. 정면쪽 벽에 사각형을 그리면 반대쪽 벽에도 사각형이 만들어집니다.

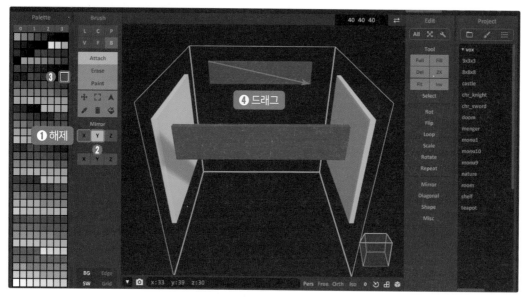

❺ Mirror 의 **Y** 를 클릭해 선택 해제하고, **Z** 를 선택합니다.

❻ z 좌표를 이해하기 위해 Palette 에서 다른 색상을 선택한 후 작업창의 아래쪽 벽에 사각형을 하나 만들어 봅니다. 아래쪽 벽에 사각형을 그리면 위쪽 벽에도 사각형이 만들어집니다.

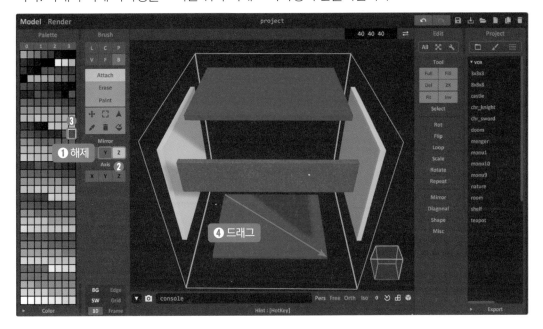

② Mirror 기능으로 방 만들기

❶ [열기(📂)]를 선택한 후 [열기] 대화상자에서 [실습파일]-[04차시]에 있는 '방 만들기.vox'를 선택하고 [열기] 버튼을 클릭합니다. 저장할 것인지 묻는 대화상자가 나타나면 [아니오]를 클릭합니다.

❷ 미리 만들어져 있는 벽과 같은 색상을 사용하기 위해 Brush 의 🖍 를 선택한 후 뒤쪽 벽을 클릭하여 색상을 선택합니다.

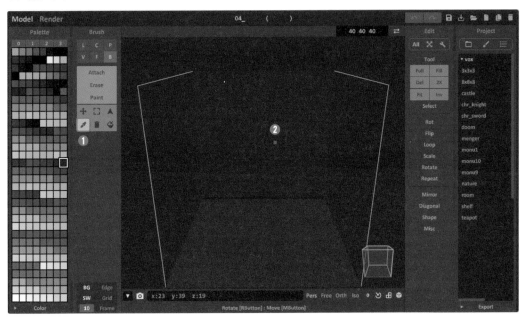

❸ 양쪽에 벽을 만들기 위해 `Brush`의 `B`를 선택한 후 `Attach`를 선택합니다. Mirror 기능을 사용하기 위해 `Mirror`의 `X`를 클릭합니다.

❹ 작업창 왼쪽 벽 위쪽에서 왼쪽 벽 아래쪽 끝으로 드래그하여 사각형을 그립니다.

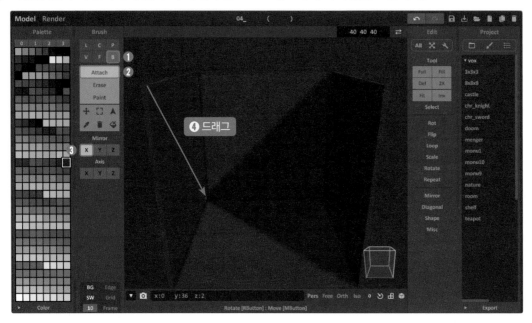

❺ 양쪽 벽면에 창문을 만들기 위해 `Brush`의 `Paint`를 선택하고 `Palette`의 색상을 검은색(■)으로 선택합니다.

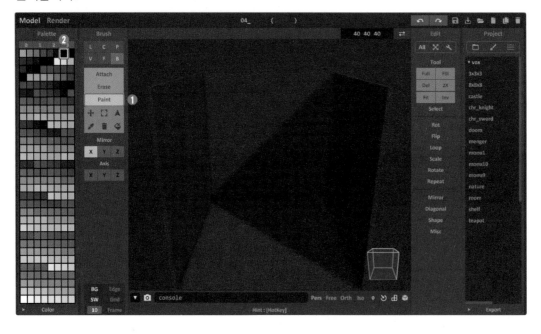

⑥ 작업창을 마우스 오른쪽 버튼으로 드래그하여 회전한 후 벽면에 창문틀을 그려봅니다. Palette 의 색상을 하늘색( )을 선택해 유리창을 그려봅니다.

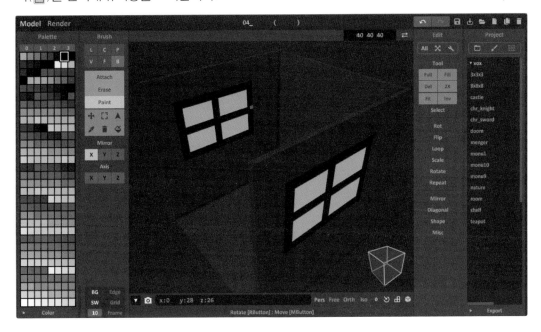

⑦ Palette 에서 색상을 변경하며 창문과 벽면을 더 꾸며 봅니다.

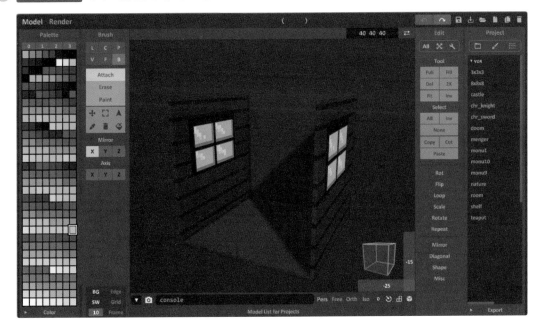

⑧ 3D 모델링 작업이 끝나면 상단 메뉴 중 [저장( )]을 클릭하여 완성한 작품을 저장합니다.

01 Mirror 기능을 이용하여 신호등을 완성한 후 색을 칠해 보세요.

실습파일 : 신호등.vox   완성파일 : 신호등(완성).vox

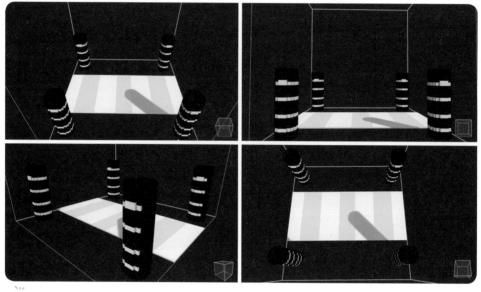

 힌트
 기둥을 추가할 때 Mirror 기능의 X, Y를 선택한 후 모델링해 봅니다.

02 Mirror 기능을 이용하여 계단을 완성한 후 색을 칠해 보세요.

실습파일 : 계단.vox   완성파일 : 계단(완성).vox

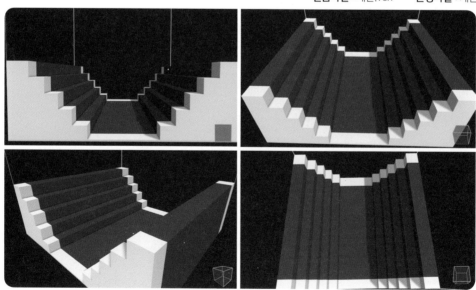

 힌트
계단을 그릴 때 Mirror 기능의 X를 선택한 후 모델링해 봅니다.

떨어져 있는 캐릭터 완성하기

05

예림이는 분리되어 있는 캐릭터 조각을 완성하고 싶었어요. 하지만 앞면, 옆면, 윗면을 변경해가며 하나로 합치기가 쉽지 않았어요. 여러분이 예림이를 도와 떨어져 있는 캐릭터를 완성해 주세요.

학습목표
▸ 복셀을 상하좌우로 이동할 수 있습니다.
▸ 좌푯값으로 복셀을 알맞은 위치로 이동할 수 있습니다.
▸ 복셀의 크기를 자유롭게 변경할 수 있습니다.

· 실습파일 : 조립하기.vox   · 완성파일 : 조립하기(완성).vox

이렇게 만들어요

매지카복셀에서 3D 모델링 작업을 할 때 여러 개의 조각을 한 곳에 만드는 것이 쉽지 않습니다. 한 번에 작품을 완성하지 못할 때는 부위를 따로 만들어 조립하는 것이 더 빠르고 쉽답니다. 작업창의 좌푯값을 이용하여 떨어져 있는 캐릭터 조각들을 조립해 보세요.

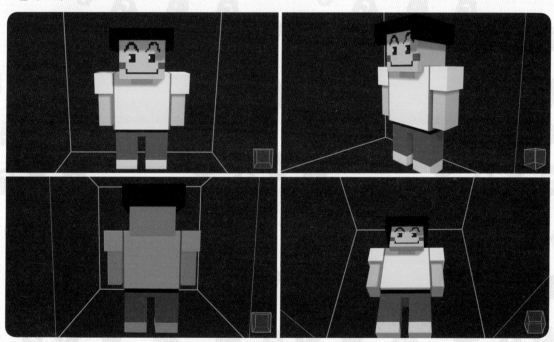

✅ 사용할 주요 기능

기능	메뉴	설명
복셀 선택하기	**Brush** 의 ⬚	클릭하거나 드래그하여 복셀을 선택합니다.
좌푯값으로 복셀 이동하기	**Edit** 의 **Loop** - **x**	선택한 축 방향으로 선택한 복셀들을 이동합니다.

① [열기(📁)]를 선택한 후 [열기] 대화상자에서 [실습파일]-[05차시]에 있는 '조립하기.vox'를 선택하고 [열기] 버튼을 클릭합니다.

② 머리 모양이 한 눈에 보이게 작업창을 마우스 오른쪽 버튼으로 아래쪽으로 드래그하여 장면을 회전시킨 후 머리 모양을 선택하기 위해 **Brush** 의 □을 클릭합니다.

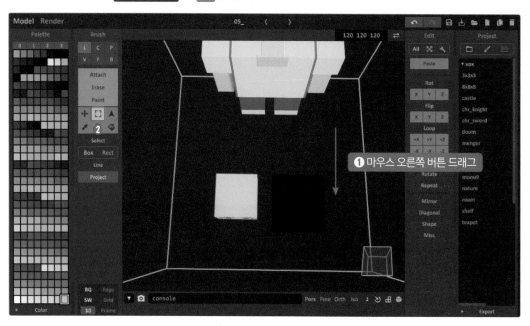

③ 드래그하여 머리 모양 전체를 선택합니다.

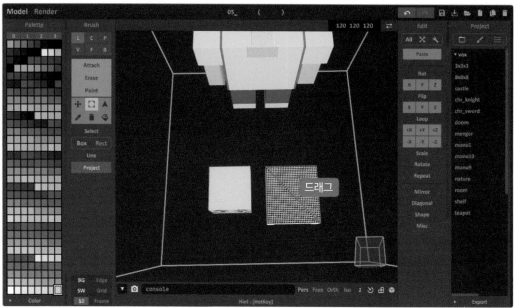

 선택할 복셀이 같은 색상일 경우 조건 선택(▲)을 이용하여 영역을 선택할 수 있습니다.

2 **좌푯값을 이용하여 복셀 이동하기**

① 마우스 오른쪽 버튼으로 드래그하여 작업창을 위쪽으로 회전합니다. 좌푯값을 이용하여 머리 모양을 위쪽으로 이동하기 위해 Edit 의 Loop 에서 +Z 를 여러 번 클릭하여 얼굴과 같은 높이로 이동시킵니다.

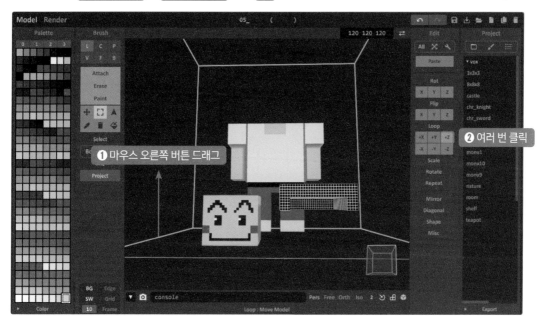

② 머리 모양을 얼굴에 붙이기 위해 Edit 의 Loop 에서 -X 를 여러 번 클릭하여 얼굴과 같은 위치로 이동시킵니다.

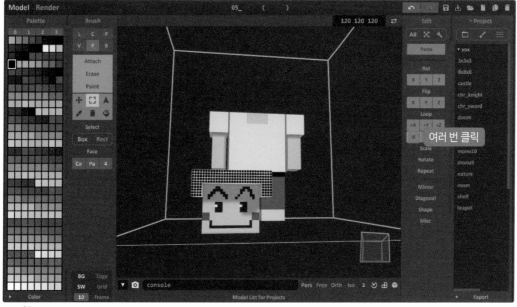

 작업창을 회전하면서 머리 모양이 얼굴 위치로 잘 이동했는지 확인합니다.

❸ 마우스 오른쪽 버튼으로 드래그하여 장면을 옆쪽으로 회전한 후 　Edit　 의 　Loop　 에서 +Y 를 여러 번 클릭하여 머리 모양을 얼굴 모양의 위치에 배치합니다.

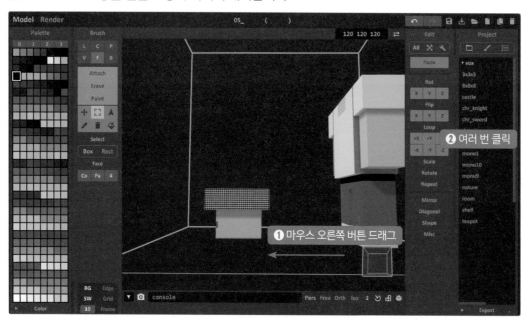

❹ 마우스 오른쪽 버튼으로 드래그하여 장면을 회전한 후 Shift +드래그하여 얼굴 모양과 머리 모양 전체를 영역으로 선택합니다.

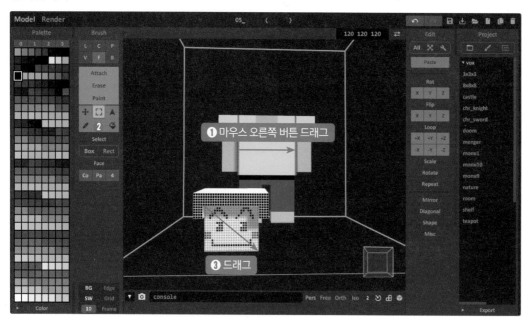

⑤ 모두 선택이 되었으면 선택된 영역을 [Edit]의 [Loop]에서 [-X], [+Y], [+Z]를 이용하여 몸 위로 이동합니다. 정확하게 몸 위로 이동시키기 위해 마우스 오른쪽 버튼으로 드래그하여 화면을 회전하면서 조절해 보세요.

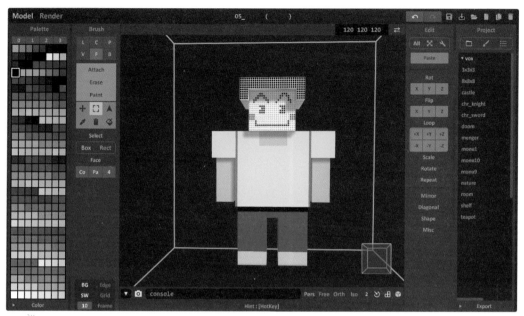

 [Brush]의 을 선택해 선택한 복셀을 이동할 수도 있습니다.

레벨UP

복셀의 크기 조절하기

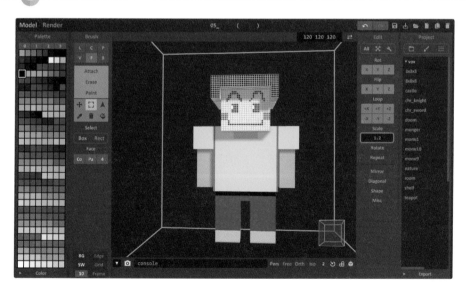

얼굴의 크기가 몸의 크기보다 작으면 [Edit]의 [Scale]를 클릭하여 '1.2'를 입력합니다. 입력한 숫자가 1보다 크면 선택된 복셀의 크기가 커지고 1보다 작으면 크기가 작아집니다.

⑥ 3D 모델링 작업이 끝나면 상단 메뉴 중 [저장(💾)]을 클릭하여 완성한 작품을 저장합니다.

01 고리에서 빠져나와 있는 링을 이동하여 고리에 꽂아 보세요.

실습파일 : 링 던지기.vox   완성파일 : 링 던지기(완성).vox

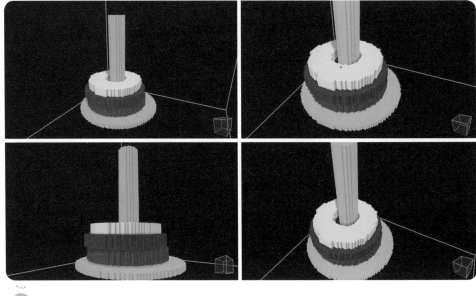

💡 힌트
링을 선택할 때는 Brush 의 조건 선택(▲)을 선택하고 Shift +클릭하여 선택합니다.

02 책상 위에서 떨어져 있는 컵과 책을 이동하여 책상 위로 이동해 보세요.

실습파일 : 책상 정리.vox   완성파일 : 책상 정리(완성).vox

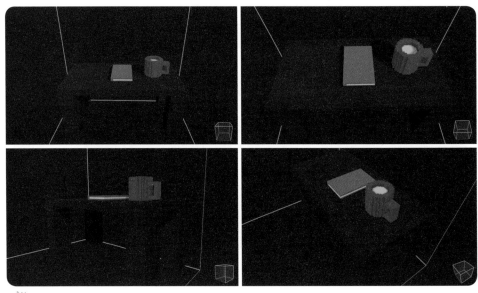

💡 힌트
컵과 책을 선택할 때는 Brush 의 조건 선택(▲)을 선택하고 Shift +클릭하여 선택합니다.

모델링한 작품 저장하기

06

기영이는 여름휴가 때 놀러갔던 바닷가 휴양지를 매지카복셀로 만들어 보고 싶었어요. 바닷가에는 파라솔과 나무, 그리고 시원한 바다가 있었죠. 여러분이 다른 파일로 저장된 모델을 불러와 캐릭터들이 놀고 있는 휴양지를 완성해 주세요.

학습목표
▹ 완성된 모델을 불러와 다른 모델을 만들 수 있습니다.
▹ 완성된 모델링 작품을 PNG로 저장할 수 있습니다.
▹ 완성된 모델링 작품을 3D 프린터 파일로 저장할 수 있습니다.

· **실습파일** : 휴양지 꾸미기.vox   · **완성파일** : 휴양지 꾸미기(완성).vox

이렇게 만들어요

만들어져 있는 모델링 작품에 패턴을 추가하여 작품을 완성할 수 있어요. 예제에서 사용할 수 있는 다양한 패턴을 활용해 휴양지를 예쁘게 꾸며주세요.

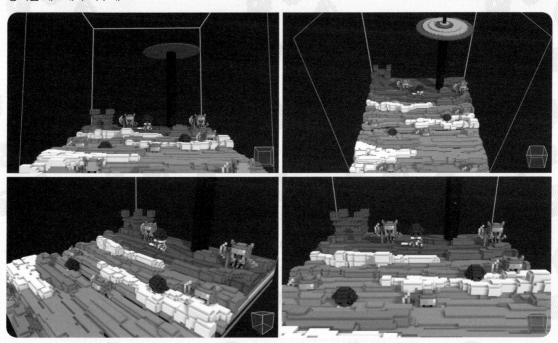

✅ 사용할 주요 기능

기능	메뉴	설명
패턴 추가	Brush 의 P	모델링 되어 있는 작품을 패턴으로 사용합니다.
패턴 목록 선택	Pattern 의 🖌	패턴으로 사용할 목록을 표시합니다.
3D 프린터 파일로 저장	▼ Export 의 obj	완성한 작품을 3D 프린터로 인쇄할 수 있는 파일로 저장합니다.

❶ [열기(📁)]를 선택한 후 [열기] 대화상자에서 [실습파일]-[06차시]에 있는 '휴양지 꾸미기.vox'를 선택하고 [열기] 버튼을 클릭합니다.

❷ 패턴을 이용하여 모델링 되어 있는 작품을 붙여넣기 위해 `Brush` 의 `P` 와 `Attach` 를 선택한 후 예제를 가져오기 위해 오른쪽 메뉴 중 🖌을 선택합니다.

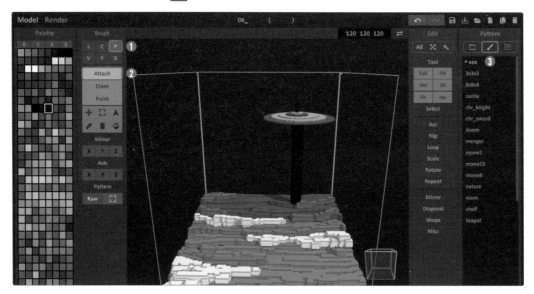

❸ `Pattern` 에서 'chr_knight'를 클릭하고 해변가 중 원하는 위치로 마우스 포인터를 이동한 후 클릭하여 캐릭터를 붙여 넣습니다.

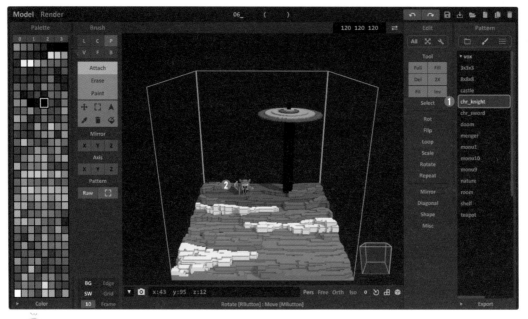

 팔레트에서 선택되어 있는 색으로 패턴이 추가된다면 `Brush` 의 `P` 의 Pattern이 'Pal'로 지정되어 있는지 확인해 보세요. 'Raw'로 선택되어 있어야 원본 색상 그대로 적용됩니다.

④ 목록에서 'castle'과 'chr_sword'도 선택하여 해변가에 추가해 작품을 완성해 봅니다.

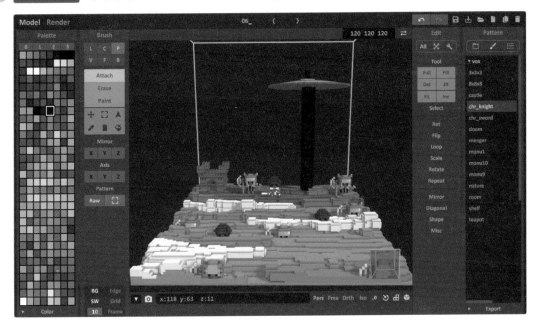

2 완성한 작품을 png 파일로 저장하기

① 완성한 작품을 배경이 투명한 png 파일로 저장하기 위해 하단 메뉴 중 ▼ Export 의 2d 를 클릭합니다.

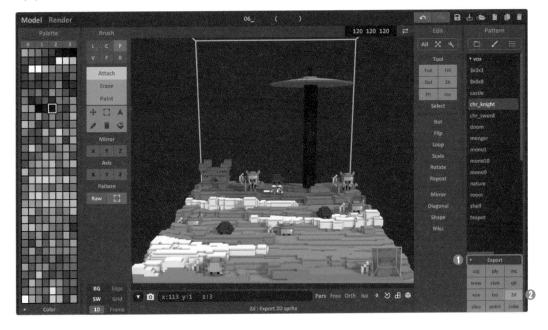

② [다른 이름으로 저장] 대화상자가 나타나면 '파일 이름'과 '저장 위치'를 설정한 후 [저장] 버튼을 클릭하여 'png' 파일로 저장합니다.

❶ 완성한 작품을 3D 프린터로 인쇄할 수 있는 파일로 저장하기 위해 하단 메뉴 중 ▼ Export 의 obj 를 선택합니다.

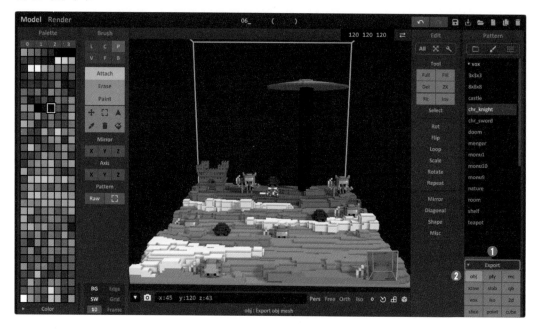

❷ [다른 이름으로 저장] 대화상자가 나타나면 '파일 이름'과 '저장 위치'를 설정한 후 [저장] 버튼을 클릭하여 'obj' 파일로 저장합니다.

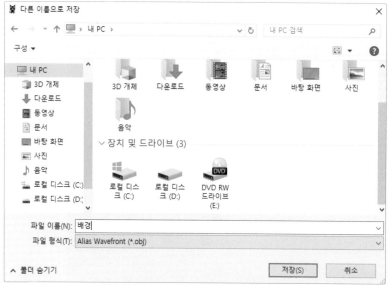

 'obj' 파일로 작성한 파일은 '팅커캐드' 사이트(www.tinkercad.com)에서 저장한 파일을 불러와 확인할 수 있습니다.

01 패턴을 이용하여 성곽을 지키는 군사를 배경에 배치하여 모델을 완성해 보세요.

실습파일 : 성곽 꾸미기.vox   완성파일 : 성곽 꾸미기(완성).vox

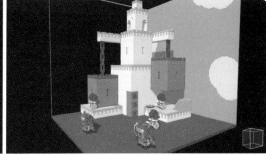
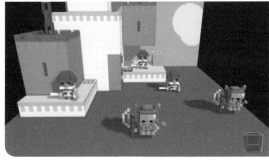

· 사용할 패턴 : monu1, chr_sword, chr_knight

02 01에서 완성한 작품을 png 파일로 저장해 보세요.

실습파일 : 성곽 그림저장.vox   완성파일 : 성곽 그림저장(완성).png

07 귀여운 돼지 캐릭터 모델링하기

동물왕국을 보던 예림이는 사람들이 키우는 작고 귀여운 애완용 돼지를 키우고 싶었어요. 여러분이 예림이가 돼지를 키울 수 있도록 작고 귀여운 돼지 캐릭터를 만들어 주세요.

학습 목표
▸ 블록 도구를 이용하여 돼지를 모델링할 수 있습니다.
▸ 복셀 도구를 이용하여 돼지 꼬리를 만들 수 있습니다.
▸ Paint 기능을 이용하여 돼지를 귀엽게 꾸밀 수 있습니다.

· **실습파일** : 귀여운 돼지.vox   · **완성파일** : 귀여운 돼지(완성).vox

이렇게 만들어요

블록 도구로 돼지 몸을 만들고 미러 기능을 이용하여 좌우 모양이 같은 돼지 눈과 코, 귀를 만들어요. 페인트 기능을 이용해 귀여운 돼지 캐릭터를 완성해 보세요.

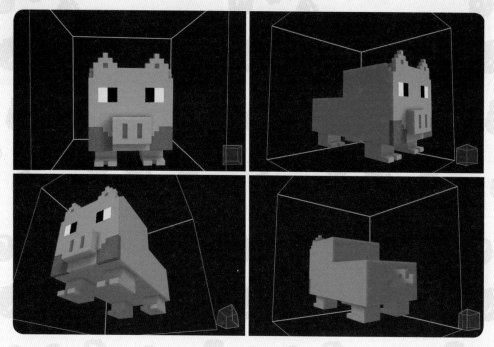

✓ 사용할 주요 기능

기능	메뉴	설명
미러 기능	**Mirror** 의 **X**	선택한 축의 반대편에도 같은 복셀을 그립니다.
두께 추가하기	**Brush** 의 **F**	작업한 사각형에 두께를 만듭니다.
코와 발가락 만들기	**Brush** 의 **V** - **Erase**	만들어져 있는 복셀을 지워 콧구멍과 발가락을 만듭니다.

귀여운 돼지 모델링하기

① [열기(📂)]를 선택한 후 [열기] 대화상자에서 [실습파일]−[07차시]에 있는 '귀여운 돼지.vox'를 선택하고 [열기] 버튼을 클릭합니다.

② 돼지의 몸을 만들기 위해 [Brush]의 B 와 [Attach]를 선택한 후 미러 기능을 켜기 위해 [Mirror]의 X 를 선택하고, [Palette]에서 연한 핑크색(◻)을 선택합니다.

③ 작업창 바닥에 돼지의 몸이 될 면을 하나 그리기 위해 작업창 바닥 왼쪽 위에서 중간 아래쪽으로 드래그합니다. 왼쪽에 작업한 내용이 오른쪽에 똑같이 적용됩니다.

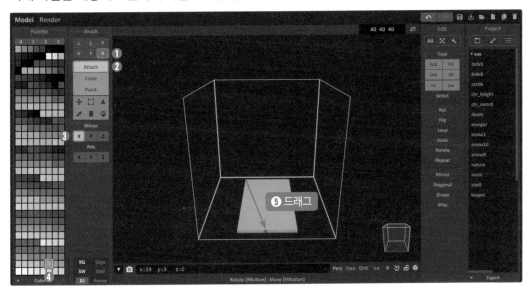

④ 돼지의 몸을 두껍게 만들기 위해 [Brush]의 F 를 선택한 후 작업창에 그려진 돼지의 몸이 될 면을 여러 번 클릭하여 두껍게 만듭니다.

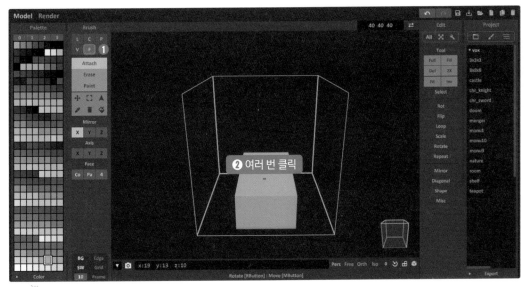

 F 를 사용할 때는 여러 번 클릭하면서 두께를 만들거나 드래그하여 한 번에 두께를 만들 수 있습니다.

⑤ [Brush]의 [B]를 선택하여 돼지 몸에 머리가 될 면을 만든 후 [Brush]의 [F]를 선택하여 머리가 될 면을 클릭하여 머리 모양을 완성해 봅니다.

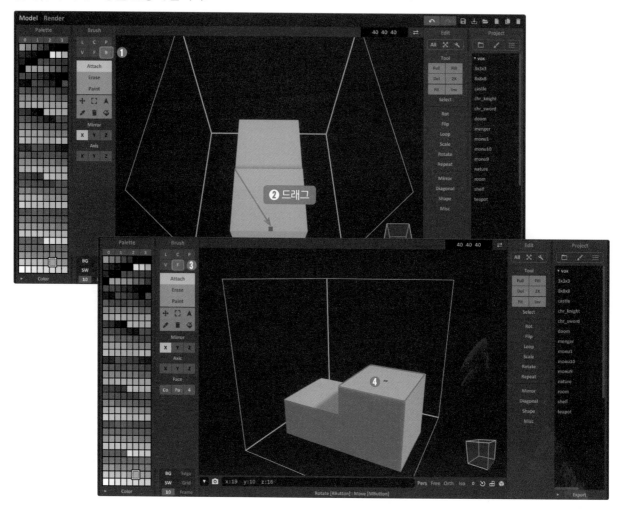

⑥ 돼지의 귀 모양을 만들 위해 [Brush]의 [V]를 선택한 후 클릭하여 귀를 완성해 봅니다. 복셀을 1개씩 쌓아 귀를 만듭니다. 복셀의 모양(Cube)과 크기('1')를 미리 확인하고 쌓으세요.

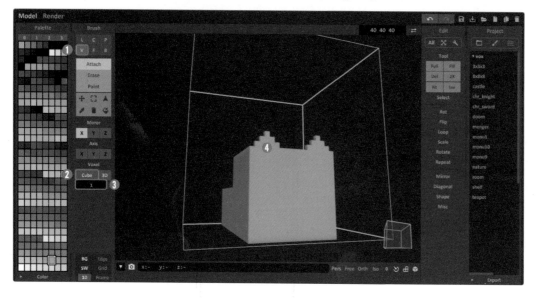

⑦ 돼지의 코를 만들기 위해 [Brush]의 [B]를 선택하여 코가 될 면을 만든 후 [Brush]의 [F]를 선택하여 돼지의 코를 높여 완성해 봅니다.

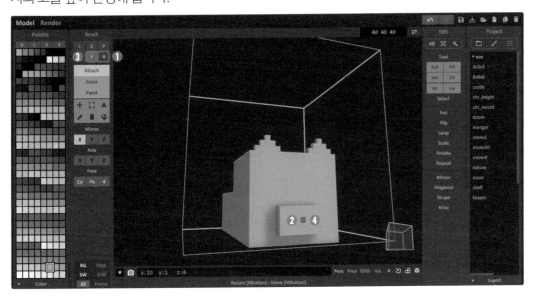

⑧ 돼지의 콧구멍과 귀 모양을 만들기 위해 [Brush]의 [V]와 [Erase]를 선택한 후 클릭하여 돼지 콧구멍을 만들고 귀 모양을 완성해 봅니다.

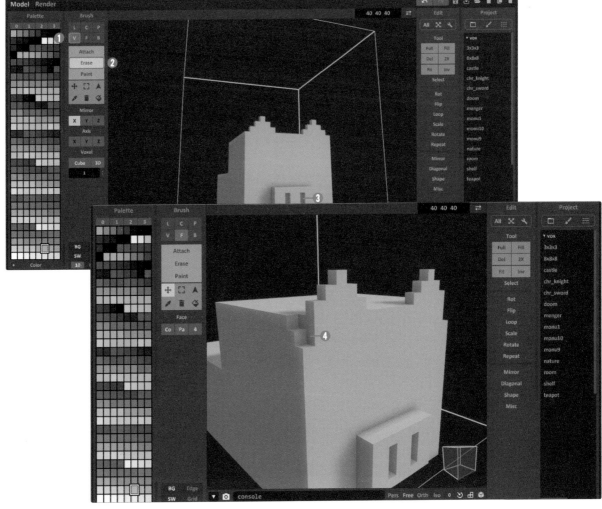

❾ 돼지의 다리를 만들기 위해 키보드의 Ctrl+A를 눌러 돼지를 모두 선택한 후 ✛을 클릭하고 드래그하여 돼지의 몸을 작업창 위로 띄웁니다. Ctrl+D를 눌러 선택된 영역을 해제합니다.

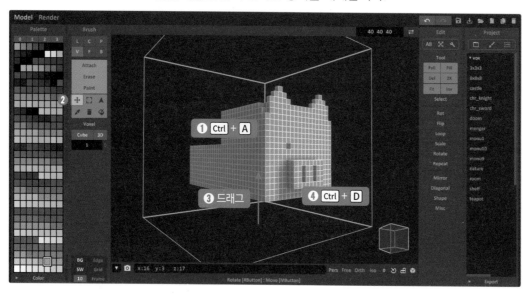

❿ Brush 의 B 와 Attach 를 선택하여 돼지의 다리가 될 면을 만듭니다. 장면을 회전한 후 Brush 의 F 를 선택하여 돼지의 다리를 완성해 봅니다.

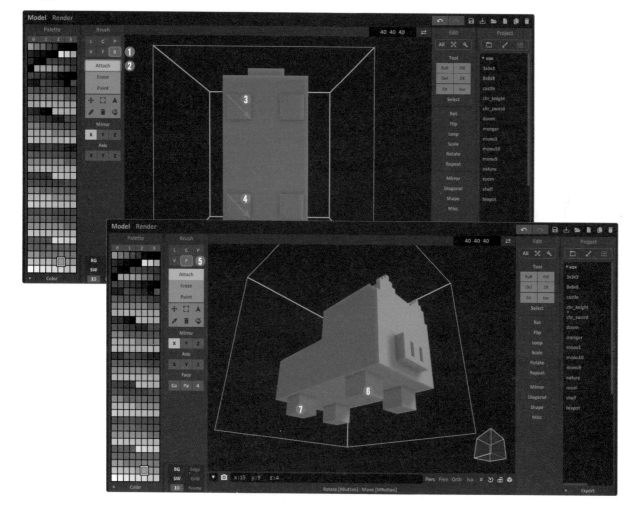

⑪ 돼지의 발가락을 만들기 위해 　Brush　의 　B　를 선택하여 발가락 모양을 만든 후 　Brush　의 　V　와 　Erase　를 선택하여 발가락 모양을 나눠 봅니다.

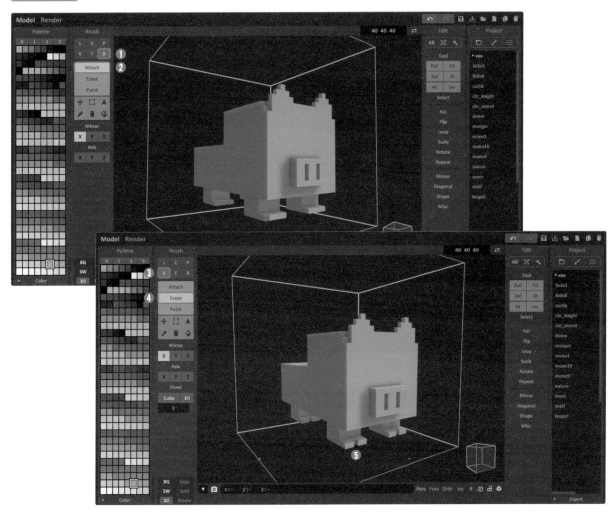

⑫ 돼지 꼬리를 만들기 위해 장면을 회전한 후 　Brush　의 　V　와 　Attach　를 선택하고 　Mirror　의 　X　를 클릭하여 선택 해제한 후 돼지 꼬리를 완성해 봅니다.

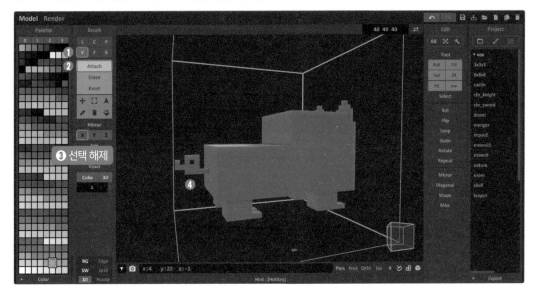

① 돼지의 눈을 색칠하기 위해 **Brush** 의 **V** 와 **Paint** 를 선택한 후 **Mirror** 의 **X** 를 선택합니다. 이 어서 **Palette** 에서 색상을 선택하고 돼지의 눈을 만들어 봅니다.

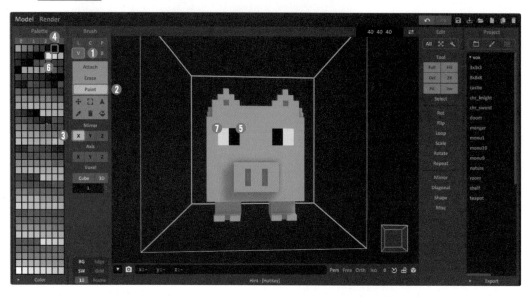

② 돼지의 볼을 색칠하기 위해 **Brush** 의 **C** 를 선택한 후 **Palette** 에서 핑크색을 선택하고 마우스를 드래 그하여 돼지의 볼을 색칠합니다.

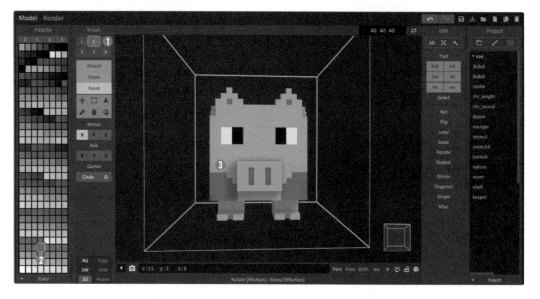

③ 모델링한 돼지를 저장하기 위해 [저장(🔒)]을 클릭하여 완성한 귀여운 돼지를 원하는 위치에 파일명을 "돼지"로 저 장합니다.

④ 돼지를 'png' 파일로 저장하기 위해 오른쪽 하단 메뉴 중 **▼ Export** 에서 **2d** 를 클릭하여 파일명 을 "돼지"로 저장합니다.

혼자서 **미션** 해결하기

01 '기린'을 모델링하고 예쁘게 색칠해 보세요.

실습파일 : 기린.vox   완성파일 : 기린(완성).vox

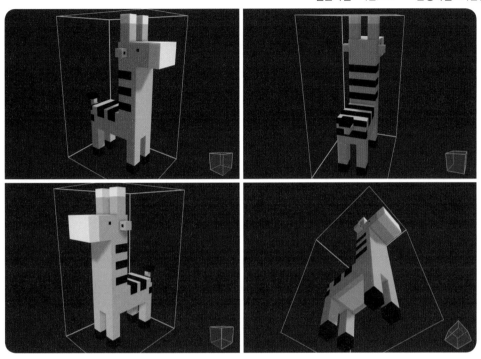

02 '펭귄'을 모델링하고 예쁘게 색칠해 보세요.

실습파일 : 펭귄.vox   완성파일 : 펭귄(완성).vox

08 귀여운 동물이 가득한 농장 꾸미기

예림이는 돼지가 뛰어 놀 수 있는 농장을 만들고 싶었어요. 여러분이 여러 마리의 동물들이 원하는 곳에서 뛰어 놀 수 있는 농장을 만들 수 있도록 도와주세요.

▸ 도장을 찍을 수 있습니다.
▸ 도장을 지울 수 있습니다.
▸ 크기를 조절할 수 있습니다.

· 실습파일 : 동물농장.ent   · 완성파일 : 동물농장(완성).ent

이렇게 코딩해요

오브젝트의 모양에 다양한 동물을 추가하고 오브젝트의 크기와 위치를 이동하여 도장 찍기를 하면서 농장에 다양한 동물 모양을 만들 수 있도록 코드를 완성해 보세요.

✅ 사용할 주요 블록

블록 꾸러미	명령 블록	설명
붓	도장찍기	오브젝트의 모양을 도장처럼 장면 위에 찍습니다.
생김새	크기를 10 만큼 바꾸기	오브젝트의 크기를 입력한 값만큼 바꿉니다.
생김새	다음 ▼ 모양으로 바꾸기	오브젝트의 모양을 이전 또는 다음 모양으로 바꿉니다.
움직임	마우스포인터 ▼ 위치로 이동하기	오브젝트가 마우스포인터를 따라 이동합니다.

1 '동물' 오브젝트 추가하기

① [파일( )]-[오프라인 작품 불러오기]를 선택한 후 [열기] 대화상자에서 [실습파일]-[08차시]에 있는 '동물농장.ent'를 선택하고 [열기] 버튼을 클릭합니다.

② 07차시에서 만든 '돼지' 이미지를 오브젝트로 추가하기 위해 [+ 오브젝트 추가]를 선택한 후 [오브젝트 추가하기] 창이 열리면 파일 올리기 를 클릭합니다. 를 클릭한 후 [열기] 대화상자에서 '돼지.png'를 선택하고 [열기] 버튼을 클릭합니다. [오브젝트 추가하기] 창 하단에 있는 추가하기 를 클릭합니다.

③ 농장에 다양한 동물을 도장으로 찍기 위해 '돼지' 오브젝트가 선택된 상태에서 모양 탭의 모양 추가하기 를 클릭합니다.

④ [모양 추가하기] 창에서 동물 을 선택하여 '땅'에 사는 동물들을 여러 마리 선택한 후 추가하기 버튼을 클릭하고 오브젝트 목록에서 '돼지' 오브젝트의 이름을 '동물'로 변경합니다.

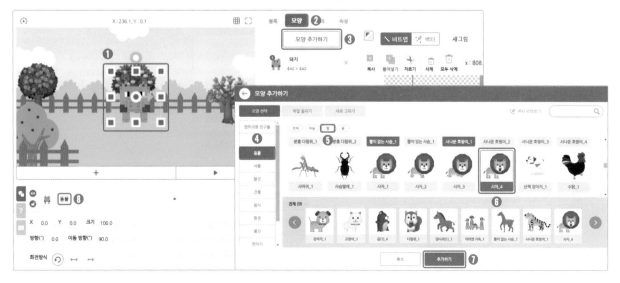

⑤ 추가된 모양 목록에서 '돼지'를 클릭하여 선택한 후 "수정된 내용을 저장하시겠습니까" 창이 나타나면 [확인]을 클릭합니다.

2 '동물' 오브젝트를 도장 찍기

① [블록] 탭을 클릭한 후 안내 메시지를 띄우기 위해 [시작]의 ▶시작하기 버튼을 클릭했을 때 와 [생김새]의 안녕! 을(를) 4 초 동안 말하기▼ 블록을 드래그하여 연결한 후 메시지를 "동물 농장을 만들어요."로, 시간을 '1'초로 지정합니다.

② 프로그램이 시작되면 '동물' 오브젝트가 마우스포인터를 따라 다닐 수 있도록 [흐름]의 계속 반복하기 를 드래그하여 연결한 후 [움직임]의 동물▼ 위치로 이동하기 블록을 계속 반복하기 안쪽에 끼워 넣고 위치를 '마우스포인터'로 지정합니다.

❸ 마우스를 클릭하면 '동물' 오브젝트가 장면에 찍힐 수 있도록 [흐름]의 ┌──────┐ 을 드래그하여 반복 블록 안쪽에 연결합니다. [판단]의 마우스를 클릭했는가? 를 조건 입력란에 끼워 넣고 [붓]의 도장찍기 를 조건문 안쪽에 연결합니다.

---

3 '동물' 오브젝트 모양 바꾸기

❶ 오른쪽 화살표 키를 누르면 다음 동물 모양으로 바뀌도록 [시작]의 ⌨ q▼ 키를 눌렀을 때 와 [생김새]의 다음▼ 모양으로 바꾸기 블록을 드래그하여 연결한 후 키를 '오른쪽 화살표'로 변경합니다.

❷ 왼쪽 화살표 키를 누르면 이전 동물 모양으로 바뀌도록 시작의 q▾ 키를 놓았을 때 와 생김새의 다음▾ 모양으로 바꾸기 블록을 드래그하여 연결한 후 키를 '왼쪽 화살표'로, 모양을 '이전'으로 변경합니다.

❸ 위쪽 화살표 키를 누르면 '동물' 오브젝트의 크기를 키우기 위해 시작의 q▾ 키를 놓았을 때 와 생김새의 크기를 10 만큼 바꾸기 를 드래그하여 연결한 후 키를 '위쪽 화살표'로 변경합니다.

④ 아래쪽 화살표 키를 누르면 '동물' 오브젝트의 크기를 줄이기 위해 [시작]의 (q▼ 키를 눌렀을 때)와 [생김새]의 (크기를 10 만큼 바꾸기)를 드래그하여 연결한 후 키를 '아래쪽 화살표'로, 크기를 '-10'으로 변경합니다.

⑤ back-space 키를 누르면 도장으로 찍은 '동물'을 전부 지우기 위해 [시작]의 (q▼ 키를 눌렀을 때)와 [붓]의 (모든 붓 지우기)를 드래그하여 연결한 후 키를 'back-space'로 변경합니다.

⑥ 작업이 마무리되면 ▶ 버튼을 클릭하여 프로그램에 오류가 있는지 확인한 후 [저장하기()]-[복사본으로 저장하기]를 선택합니다. [다른 이름으로 저장] 대화상자에서 원하는 위치를 지정하고 파일 이름을 '동물농장.ent'로 입력한 후 [저장] 버튼을 클릭합니다.

01 다양한 '꽃' 오브젝트를 추가해 꽃밭에 심겨 있는 새싹이 다양한 꽃을 피우도록 코드를 완성해 보세요.

실습파일 : 꽃밭 만들기.ent   완성파일 : 꽃밭 만들기(완성).ent

다양한 꽃 오브젝트를 추가한 후 ❶ 시작하기 버튼을 클릭하면 ➔ ❷ ❸~❻ 계속 반복하기 ➔ ❸ '마우스포인터' 위치로 이동하고 ➔ ❹ 만일 ➔ ❺ 마우스를 클릭하면 ➔ ❻ 도장 찍기 ➔ ❼ '왼쪽 화살표' 키를 누르면 ➔ ❽ '이전' 모양으로 바꾸기 ➔ ❾ '오른쪽 화살표' 키를 누르면 ➔ ❿ '다음' 모양으로 바꾸기

▲ 마우스 클릭 전

▲ 마우스 클릭 후

02 '배' 오브젝트의 크기를 '위쪽 화살표' 키를 누르면 '10'만큼 크게 하고 '아래쪽 화살표' 키를 누르면 크기가 '10'만큼 작아지도록 만들어 휴양지에 배를 추가할 수 있도록 코드를 완성해 보세요.

실습파일 : 휴양지 꾸미기.ent   완성파일 : 휴양지 꾸미기(완성).ent

❶ 위쪽 화살표 키를 누르면 ➔ ❷ 크기를 '10'만큼 바꾸기 ➔ ❸ 아래쪽 화살표 키를 누르면 ➔ ❹ 크기를 '-10' 만큼 바꾸기

▲ 마우스 클릭 전

▲ 마우스 클릭 후

HINT

실습파일에는 도장 찍기와 왼쪽/오른쪽 화살표 키를 누르면 모양이 바뀌는 코드가 추가되어 있습니다.

까칠한 닭 모델링하기

09

닭 농장에 놀러간 예림이는 다양한 표정의 귀여운 닭들이 좋아졌어요. 그 중에서도 성격이 까칠하게 생긴 닭은 정말 귀여웠죠. 여러분이 예림이와 함께 까칠해 보이는 닭을 만들어 주세요.

학습목표
▷ 블록 도구를 이용하여 닭을 모델링할 수 있습니다.
▷ 원을 이용하여 닭 벼슬과 날개를 만들 수 있습니다.
▷ 모델링한 작품을 회전시킬 수 있습니다.
▷ 미러 기능을 활용할 수 있습니다.

· **실습파일** : 까칠한 닭.vox   · **완성파일** : 까칠한 닭(완성).vox

이렇게 만들어요

미러 기능을 이용하여 좌우 모양이 같은 닭을 만들고 원을 이용하여 날개와 닭 벼슬을 만들어 성격이 까칠한 닭 모양의 눈을 그려 주세요.

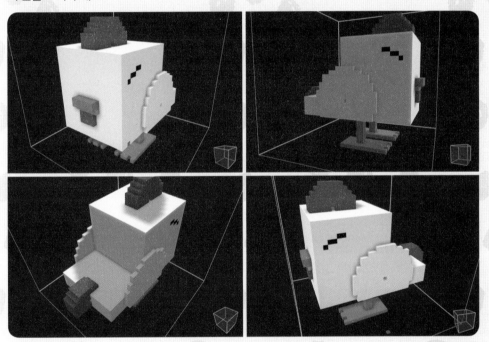

☑ 사용할 주요 기능

기능	메뉴	설명
미러 기능	Mirror 의 X	선택한 축의 반대편에도 같은 복셀을 그립니다.
두께 추가하기	Brush 의 F	작업한 사각형에 두께를 만듭니다.
날개와 벼슬, 꼬리 만들기	Brush 의 C	원형을 그려 날개와 벼슬, 꼬리 깃털을 만듭니다.

까칠한 닭 모델링하기

❶ [열기]를 선택한 후 [열기] 대화상자에서 [실습파일]-[09차시]에 있는 '까칠한 닭.vox'를 선택하고 [열기] 버튼을 클릭합니다.

❷ 닭의 몸을 만들기 위해 Brush 의 B 와 Attach 를 선택하고 미러 기능을 켜기 위해 Mirror 의 X 를 선택한 후 Palette 에서 색상을 흰색(☐)으로 선택합니다.

❸ 작업창 바닥에 닭의 몸이 될 면을 하나 그리고 Brush 의 F 를 선택하여 위쪽으로 드래그하여 닭의 몸을 완성합니다.

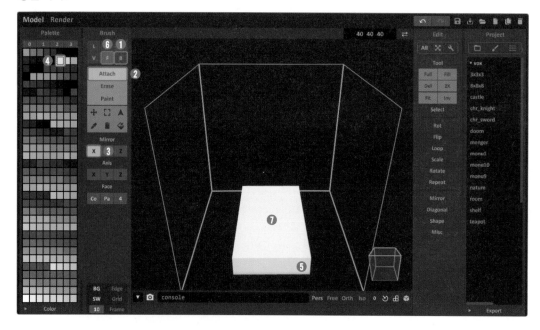

❹ 닭의 머리를 만들기 위해 Brush 의 B 를 선택하여 머리 모양을 그리고 닭의 머리 크기를 완성하기 위해 Brush 의 F 를 선택한 후 위쪽으로 드래그합니다.

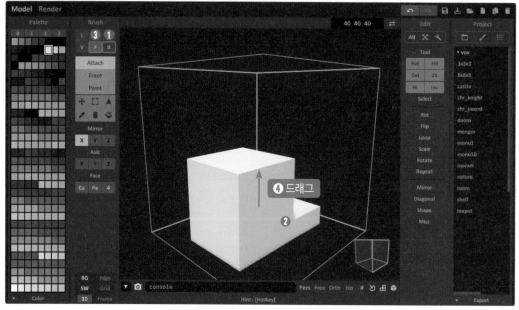

⑤ 닭의 날개를 만들기 위해 [Brush]의 [C]를 선택하고 작업창을 회전시켜 닭의 몸통 옆쪽에서 드래그하여 닭의 날개를 완성합니다.

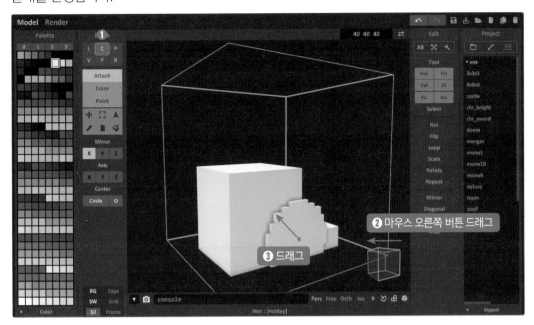

⑥ 닭의 벼슬과 꼬리 깃털을 만들 자리를 만들기 위해 닭의 머리와 꼬리를 클릭하여 복셀을 각각 추가합니다.

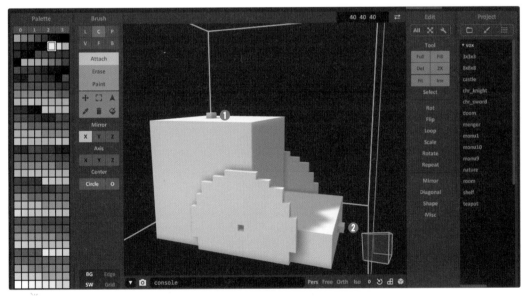

 닭의 벼슬과 꼬리 깃털 자리에 복셀을 추가하는 이유는 원 모양을 세로로 만들기 위해서입니다. 세로로 되어 있는 복셀의 위치에서 드래그해야 세로 모양의 원을 만들 수 있습니다.

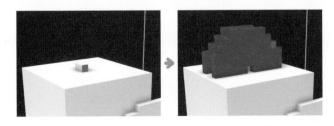

⑦ ▨▨▨Palette▨▨▨ 에서 빨간색(▨)을 선택하고 닭의 벼슬과 꼬리 깃털의 위치에 추가된 복셀에서 드래그하여 닭 벼슬
과 닭 꼬리 깃털을 추가합니다.

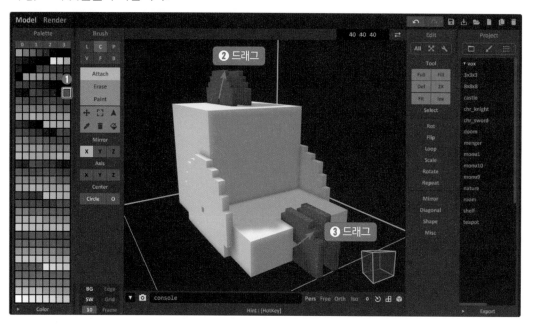

⑧ 닭 벼슬과 꼬리 깃털에 비워져 있는 공간을 채우기 위해 ▨▨▨Brush▨▨▨ 의 ▨F▨ 를 선택하고 비워져 있는 공간을 마우
스로 클릭하여 공간을 채웁니다.

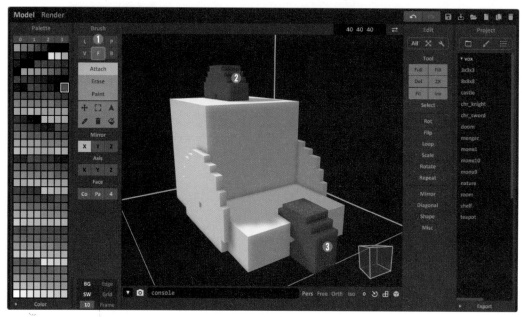

 벼슬과 꼬리 깃털은 2개의 복셀들로 만들어져 있습니다. 두 복셀 사이의 안쪽을 클릭하면 자동으로 두 개의 복셀 사이가 채워집니다.

① 닭의 부리를 만들기 위해 [Palette]에서 주황색(⬜)을 선택하고 [Brush]의 [B]를 선택하여 부리를 만듭니다.

② 부리가 좀 더 튀어 나오도록 [Brush]의 [F]를 선택하여 그려진 부리를 클릭합니다.

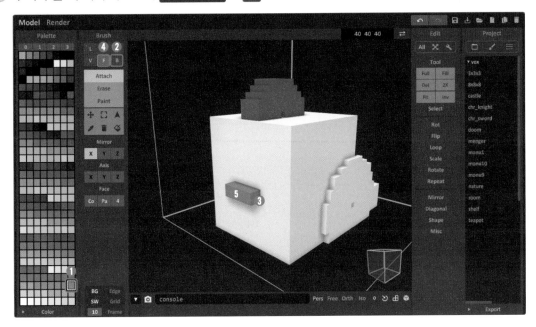

③ 닭의 아래쪽 부리를 만들기 위해 [Palette]에서 연한 주황색(⬜)을 선택하고 [Brush]의 [B]를 선택하여 아래쪽 부리를 만듭니다.

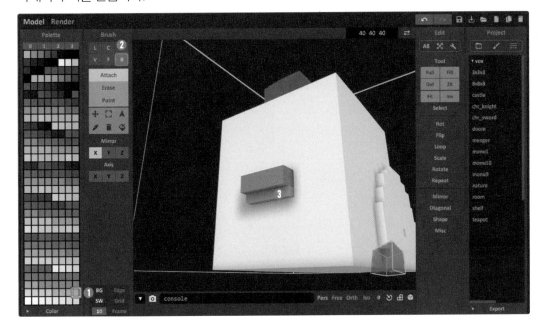

④ 닭의 부리 쪽 벼슬을 만들기 위해 [Palette]에서 빨간색(■)을 선택하고 드래그하여 닭의 부리 아래쪽에 벼슬을 완성합니다.

⑤ 닭을 위로 올리기 위해 [Ctrl]+[A]를 눌러 닭을 모두 선택하고 ✛을 클릭한 후 닭을 위쪽으로 드래그하여 이동하고 [Ctrl]+[D]를 눌러 선택된 영역을 해제합니다.

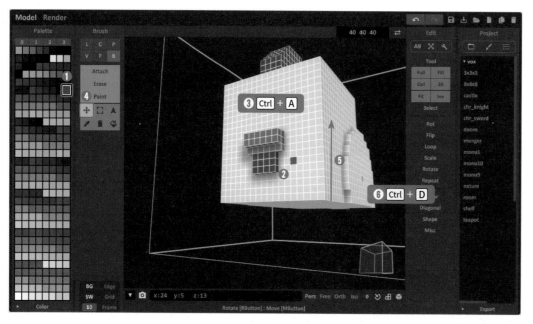

⑥ 닭의 다리를 만들기 위해 [Palette]에서 주황색(■)을 선택하고 [Brush]의 B 와 [Attach]를 선택한 후 다리를 만들 위치에 복셀을 추가합니다.

⑦ [Brush]의 F 를 선택하여 다리 길이를 늘인 후 [Brush]의 B 를 선택하여 닭의 발바닥을 만듭니다.

⑧ 닭의 발 모양을 만들기 위해 [Brush]의 V 와 [Erase]를 선택하고 발을 클릭하여 복셀을 제거합니다.

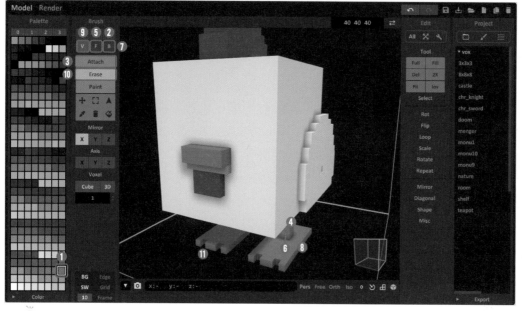

 발을 만들 때는 다리의 옆쪽 복셀에서 클릭하여 사방으로 넓은 사각형 모양을 만듭니다.

❾ 닭의 눈을 그리기 위해 ⬛ Palette ⬛에서 검은색(⬛)을 선택하고 ⬛ Brush ⬛의 ⬛V⬛와 ⬛ Paint ⬛를 선택하여 닭 옆면에 눈을 그려 넣습니다.

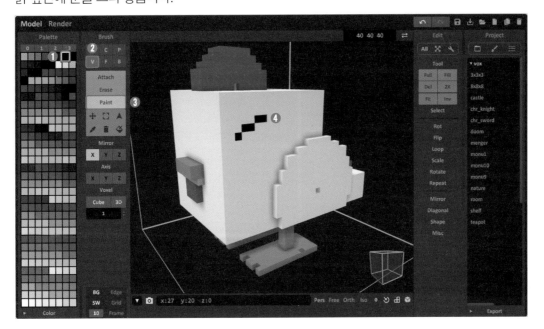

❿ 닭의 옆면을 저장하기 위해 ⬛ Edit ⬛의 ⬛ Rot ⬛ – ⬛z⬛를 클릭하여 닭이 옆을 바라보도록 회전시킨 후 ⬛ ▼ Export ⬛에서 ⬛2d⬛를 클릭하여 원하는 위치에 파일명을 "닭"으로 저장합니다.

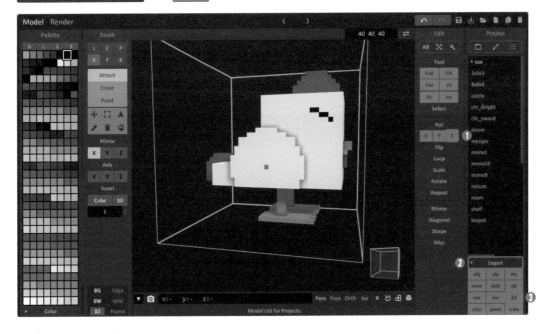

01 완성된 모델에 예쁜 선글라스를 끼우고 발그레한 볼을 색칠해 보세요.

실습파일 : 캐릭터01.vox　　　완성파일 : 캐릭터01(완성).vox

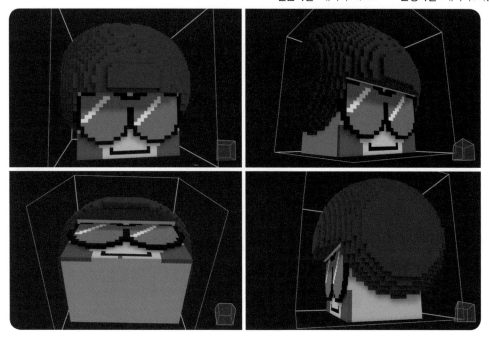

02 완성된 모델에 예쁜 머리띠를 만들어 보세요.

실습파일 : 캐릭터02.vox　　　완성파일 : 캐릭터02(완성).vox

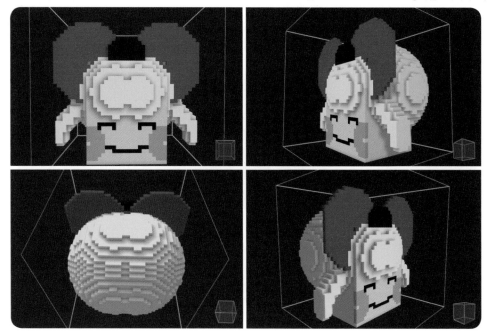

닭이 낳은 달걀 받기

10

까칠한 닭은 예림이가 귀찮게 달라붙자 날아올라 잔디밭 위에서 달걀을 낳기 시작했어요. 여러 분이 예림이를 도와 달걀이 깨지지 않도록 받아주세요.

- ▸ 닭이 자유롭게 이동하도록 만들 수 있습니다.
- ▸ 닭이 잔디 위에서 떨어지지 않게 할 수 있습니다.
- ▸ 닭이 달걀을 낳을 때 색깔과 크기를 바꿀 수 있습니다.

· **실습파일** : 달걀 받기.ent   · **완성파일** : 달걀 받기(완성).ent

이렇게 코딩해요

'닭' 오브젝트가 하늘에서 '잔디'에 닿을 때까지 아래쪽으로 떨어지게 하고 '닭' 오브젝트가 좌우로 움직이다 화면 끝에 닿 으면 튕겨 방향이 바뀌게 만들어 보세요.

달걀 담기 실패!

✅ 사용할 주요 블록

블록 꾸러미	명령 블록	설명
판단	잔디 ▾ 에 닿았는가?	해당 오브젝트가 다른 오브젝트에 닿았는지 확인합니다.
	y 좌표를 2 만큼 바꾸기	오브젝트를 위나 아래로 이동시킵니다.
움직임	이동 방향으로 4 만큼 움직이기	오브젝트의 이동 방향 화살표 방향으로 입력한 값만큼 움직입니다.
	화면 끝에 닿으면 튕기기	오브젝트가 화면 끝에 닿으면 튕겨 방향을 바꿉니다.

1 '닭' 움직임 제어하기

❶ [시작하기]를 클릭했을 때 '닭'의 처음 위치를 설정하기 위해 [시작]의 ▶시작하기 버튼을 클릭했을 때 와 [움직임]의
x: 0 y: 0 위치로 이동하기 를 드래그하여 연결한 후 x 좌표를 '-170'으로, y 좌표를 '150'으로 변경합니다.

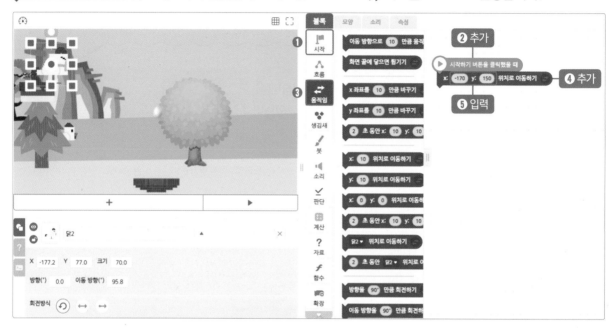

❷ '닭'이 아래쪽으로 떨어지도록 만들기 위해 [흐름]의 계속 반복하기 를 드래그하여 아래쪽에 연결한 후 [움직임]의
y 좌표를 10 만큼 바꾸기 를 드래그하여 반복 블록 안에 연결하고 값을 '-2'로 변경합니다.

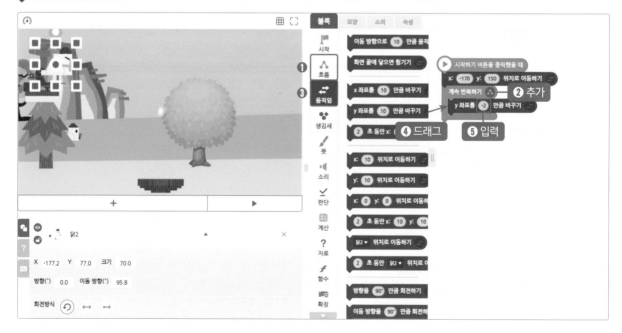

③ '닭'이 '잔디'에 닿으면 아래쪽으로 이동하지 못하도록 하기 위해 [흐름]의 [만일 참 이라면 ∧] 을 반복 블록 안에 연결한 후 [판단]의 [마우스포인터 ▼ 에 닿았는가?] 를 드래그하여 조건 항목에 끼워 넣고 '잔디'로 지정합니다.

④ '닭'이 '잔디'에 닿으면 위쪽으로 살짝 이동하도록 하기 위해 [움직임]의 [y 좌표를 10 만큼 바꾸기] 를 드래그하여 조건문 안쪽에 연결한 후 값을 '2'로 변경합니다.

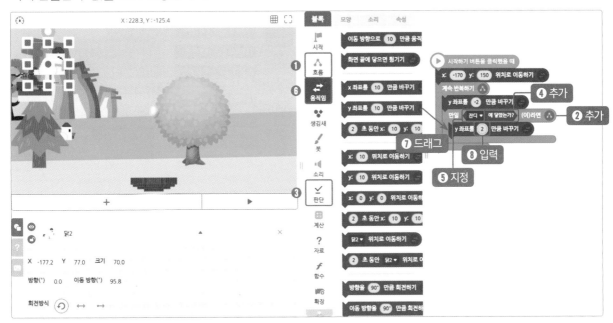

⑤ '닭'이 좌우로 이동할 수 있도록 [시작]의 [▶ 시작하기 버튼을 클릭했을 때] 와 [흐름]의 [2 초 기다리기 ∧] 를 드래그하여 연결하고 초를 '1'로 변경합니다.

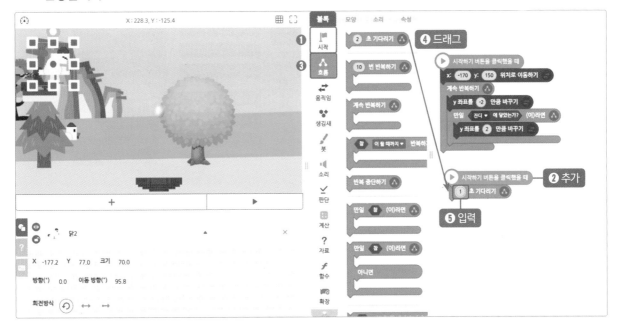

⑥ 의 블록을 드래그하여 아래쪽에 연결한 후 ![움직임]의 ![이동 방향으로 10 만큼 움직이기]를 드래그하여 반복 블록 안쪽에 연결하고 값을 '4'로 변경합니다.

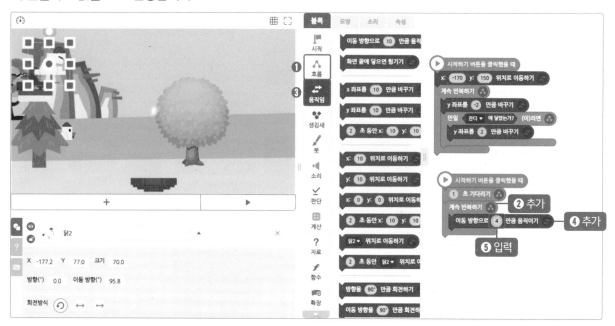

⑦ 오브젝트가 이동하다 벽에 닿으면 방향이 바뀌도록 만들기 위해 ![움직임]의 ![화면 끝에 닿으면 튕기기]를 드래그하여 반복하기 블록 안쪽에 차례대로 연결합니다.

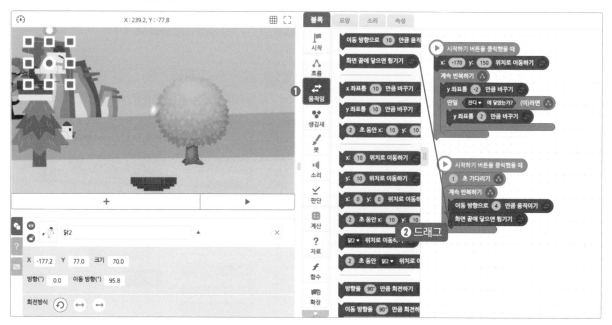

2 '닭' 형태 변경하기

① '닭'이 '달걀'을 낳을 때 크기가 커졌다 작아지도록 만들기 위해 [시작]의 (미션실패 ▼ 신호를 받았을 때)를 추가하고 신호를 '계란 낳기'로 변경한 후 [생김새]의 (크기를 10 만큼 바꾸기)를 연결하고 크기를 '20'으로 변경합니다.

② [흐름]의 (2 초 기다리기)를 드래그하여 연결하고 초를 '0.1'로 변경합니다.

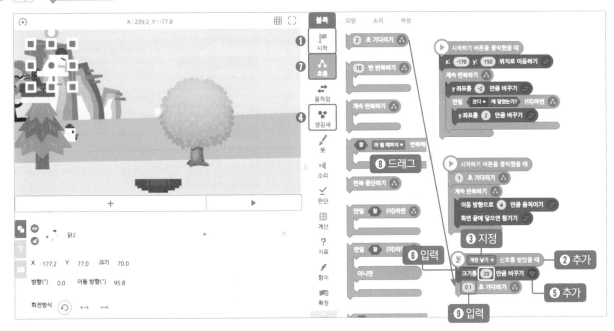

③ 원래 크기로 변경하기 위해 [생김새]의 (크기를 10 만큼 바꾸기)를 연결하고 크기를 '-20'으로 변경한 후 [흐름]의 (2 초 기다리기)를 연결하고 초를 '0.1'로 변경합니다.

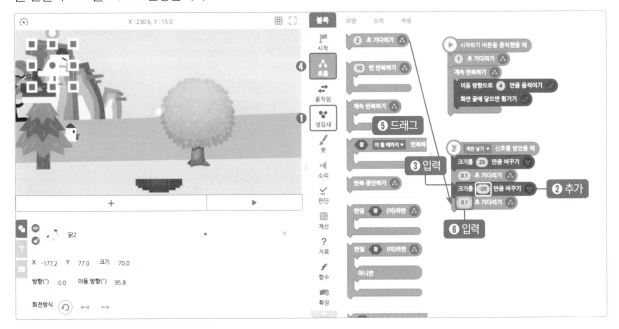

❹ '닭'이 '달걀'을 낳을 때 '닭'의 색상을 변경하기 위해 [시작]의 [미션실패 ▼ 신호를 받았을 때]를 추가하고 '신호'를 '계란 낳기'로 변경합니다. [생김새]의 [색깔 ▼ 효과를 10 만큼 주기]를 연결한 후 값을 '10'으로 변경합니다.

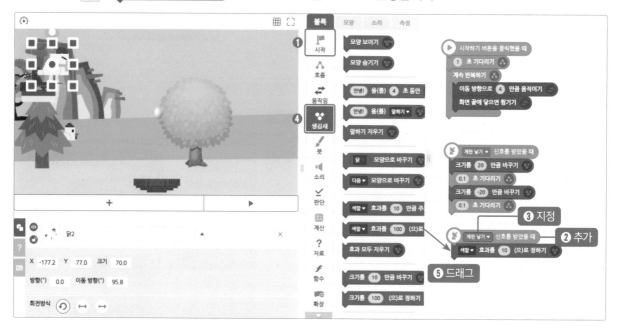

❺ 원래 색으로 변경하기 위해 [흐름]의 [2 초 기다리기]를 연결하고 초를 '0.2'로 변경한 후 [생김새]의 [효과 모두 지우기]를 아래쪽에 연결합니다. 코딩이 마무리되면 [실행] 버튼을 클릭하여 프로그램에 오류가 있는지 확인한 후 [저장하기(🖫▼)]–[복사본으로 저장하기]를 선택하여 '달걀 받기.ent'로 저장합니다.

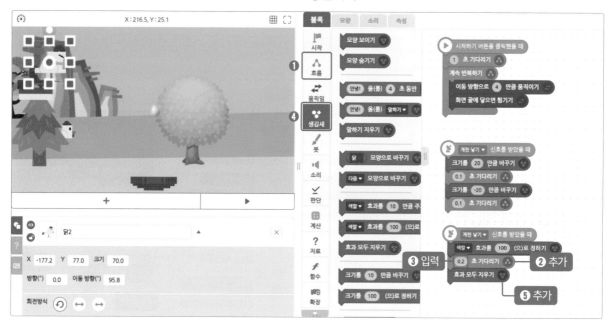

01 우주를 떠다니는 외계인을 '백기사'가 위 아래로 이동하면서 피할 수 있도록 코드를 완성해 보세요.

실습파일 : 외계인 피하기.ent　　　완성파일 : 외계인 피하기(완성).ent

❶ 시작하기 버튼을 클릭하면 ➜ ❷ 좌우 모양 뒤집기 ➜ ❸ ❹~❼을 계속 반복하기 ➜ ❹ 만일 ➜ ❺ '외계인'에 닿으면 ➜ ❻ "으악"을 1초 동안 말하기 ➜ ❼ 모든 코드 멈추기 ➜ ❽ '아래쪽 화살표' 키를 누르면 ➜ ❾ y 좌표를 '-50'만큼 바꾸기 ➜ ❿ '위쪽 화살표' 키를 누르면 ➜ ⓫ y 좌표를 '50'만큼 바꾸기

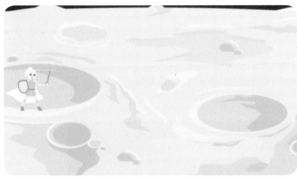

▲ 외계인 출현 전

▲ 외계인 출현 후

HINT

- 모든▼ 코드 멈추기 : 실행되고 있는 모든 코드를 멈춥니다.
- 좌우 모양 뒤집기 : 오브젝트의 좌우 모양을 뒤집습니다.

02 하늘에서 떨어지는 사탕을 받는 '쿠키 사람'의 코드를 완성해 보세요.

실습파일 : 사탕 구하기.ent　　　완성파일 : 사탕 구하기(완성).ent

❶ 시작하기 버튼을 클릭하면 ➜ ❷ ❸~❼을 계속 반복하기 ➜ ❸ 효과를 모두 지우기 ➜ ❹ 만일 ➜ ❺ '막대 사탕'에 닿으면 ➜ ❻ 색깔 효과를 10만큼 주기 ➜ ❼ 0.5초 기다리기 ➜ ❽ '왼쪽 화살표' 키를 누르면 ➜ ❾ x 좌표를 '-5'만큼 바꾸기 ➜ ❿ '오른쪽 화살표' 키를 누르면 ➜ ⓫ x 좌표를 '5'만큼 바꾸기

▲ 사탕에 닿기 전

▲ 사탕에 닿은 후

나만의 자동차 모델링하기

11

며칠 동안 비가 계속 내린 날씨였는데 비가 그치고 무지개가 떴어요. 예림이는 아빠와 드라이브를 나가고 싶었지만 자동차가 없었어요. 여러분이 예림이가 무지개를 보면서 드라이브를 할 수 있도록 자동차를 만들어 주세요.

학습목표
▸ 자동차를 모델링할 수 있습니다.
▸ 자동차의 위치를 이동할 수 있습니다.
▸ 미러 기능으로 자동차의 바퀴를 만들 수 있습니다.

· **실습파일** : 나만의 자동차.vox　　· **완성파일** : 나만의 자동차(완성).vox

이렇게 만들어요

미러 기능을 이용하여 상하 모양이 같은 자동차를 만들고 브러시의 원 기능으로 자동차의 바퀴를 끼울 공간을 만들어 붕붕 잘 움직이는 자동차를 완성해 보세요.

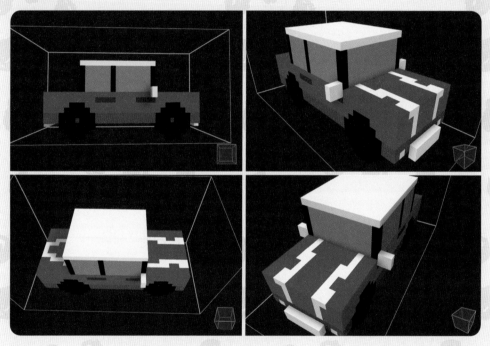

✅ 사용할 주요 기능

기능	메뉴	설명
미러 기능	Mirror 의 Y	선택한 축의 반대편에도 같은 복셀을 그립니다.
두께 추가하기	Brush 의 F	작업한 사각형에 두께를 만듭니다.
자동차 색칠하기	Brush 의 C - Paint	자동차를 원하는 색으로 칠합니다.

1 나만의 자동차 모델링하기

❶ [실습파일]-[11차시]에 있는 '나만의 자동차.vox'를 불러온 후 자동차의 모형을 만들기 위해 Brush 의 B 와 Attach 를 선택합니다.

❷ 미러 기능을 켜기 위해 Mirror 의 Y 를 선택하고, Palette 의 색상을 파란색(■)으로 선택한 후 작업창 바닥에 자동차의 몸이 될 면을 하나 그립니다. Brush 의 F 를 클릭하여 위쪽으로 드래그해 자동차의 아래쪽 모형을 완성합니다.

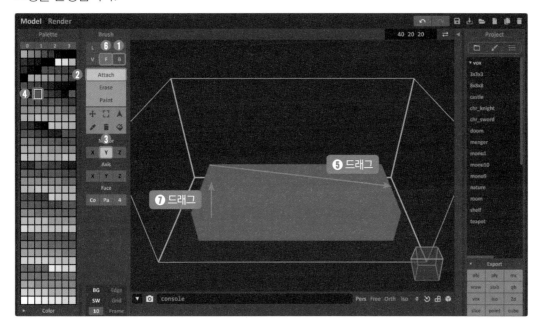

❸ 자동차의 창문 부분을 만들기 위해 Palette 의 색상을 회색(■)으로 변경하고 Brush 의 B 를 선택한 후 창문이 될 바닥을 만들고 Brush 의 F 를 클릭해 모형을 완성합니다.

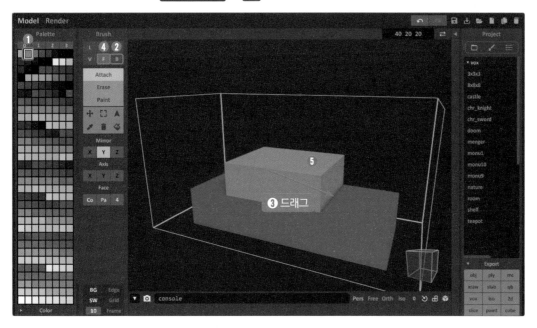

❹ 자동차의 지붕을 만들기 위해 [Palette]의 색상을 흰색(⬜)으로 선택하고 자동차 윗면을 클릭하여 지붕을 만듭니다.

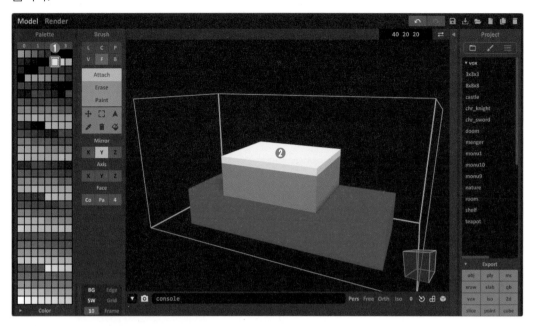

❺ 자동차의 사이드 미러를 만들기 위해 [Brush]의 [B]를 선택하여 창문 옆쪽에 면을 하나 만듭니다. [Brush]의 [F]를 클릭하고 만든 면을 클릭하여 사이드 미러 모양을 완성합니다.

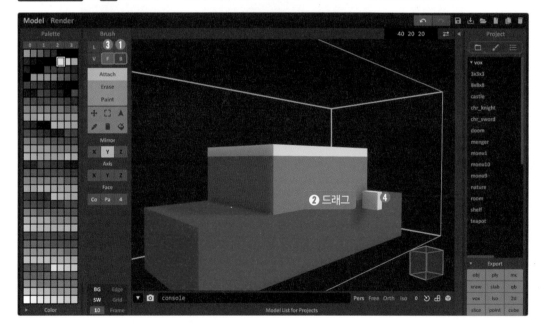

⑥ 자동차 바퀴를 만들기 위해 ⌈Ctrl⌉+⌈A⌉를 눌러 '자동차'를 모두 선택한 후 ✛을 클릭합니다. 자동차를 위쪽으로 드
래그한 후 ⌈Ctrl⌉+⌈D⌉를 눌러 선택된 영역을 해제합니다.

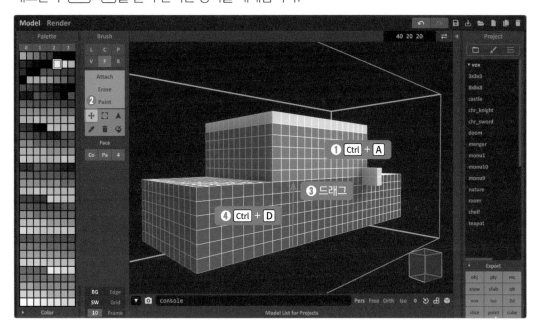

⑦ 자동차 바퀴를 끼울 위치를 만들기 위해 ⬛ Brush ⬛의 C 와 ⬛ Paint ⬛를 선택하고 자동차 아래쪽을 드래그
하여 바퀴가 달릴 위치에 색을 칠합니다.

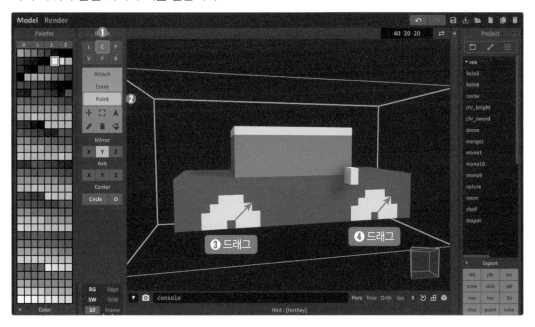

⑧ 자동차의 바퀴가 달릴 위치를 뚫기 위해 　Brush　의 　Erase　를 선택하고 흰색으로 칠해져 있는 위치를 클릭하여 자동차에 구멍을 냅니다. 구멍에 남아있는 파란색 잔여물도 클릭하여 제거합니다.

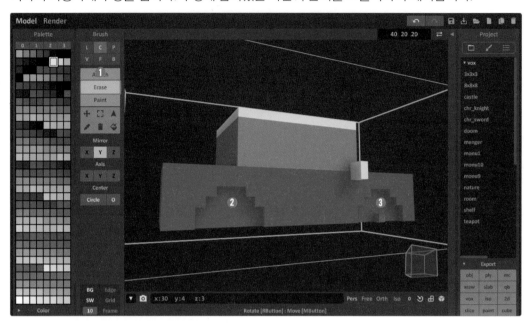

⑨ 자동차의 바퀴를 만들기 위해 　Palette　에서 검은색(■)을 선택하고 　Brush　의 　Attach　를 선택한 후 뚫린 위치에 드래그하여 바퀴를 그려 넣습니다.

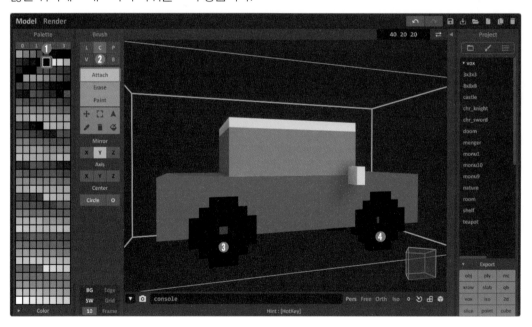

2 나만의 자동차 색칠하기

① 자동차를 꾸미기 위해 **Brush** 의 **V** 와 **Paint** 를 선택하고 **Palette** 에서 색상을 선택하여 '손잡이' 와 '라이트'를 표현해 봅니다.

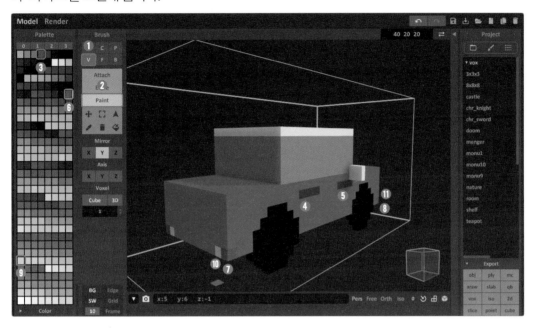

② **Palette** 에서 색상을 선택하여 '창문'을 나누고, 자동차의 '범퍼'를 표현해 봅니다.

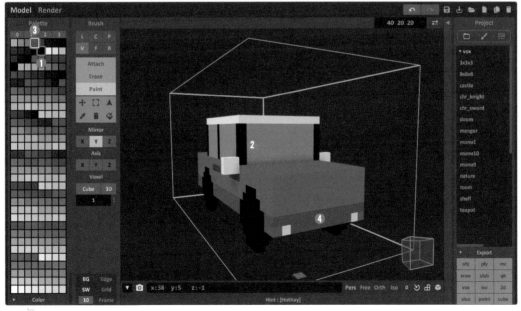

 미러 기능을 이용하면 색을 칠할 때도 반대쪽의 같은 위치에 색깔이 적용되어 쉽게 자동차를 꾸밀 수 있습니다.

❸ `Palette` 에서 색상을 변경하여 '자동차'에 무늬를 새겨봅니다.

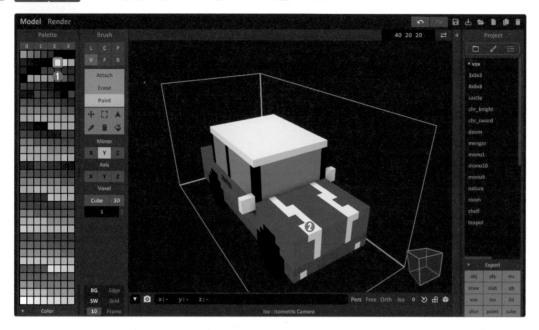

❹ '자동차'의 번호판을 만들기 위해 `Brush` 의 `B` 와 `Attach` 를 선택하여 번호판이 될 면을 만듭니다. 이어서 `Brush` 의 `F` 를 선택하여 번호판 아래쪽을 클릭하여 번호판을 늘립니다.

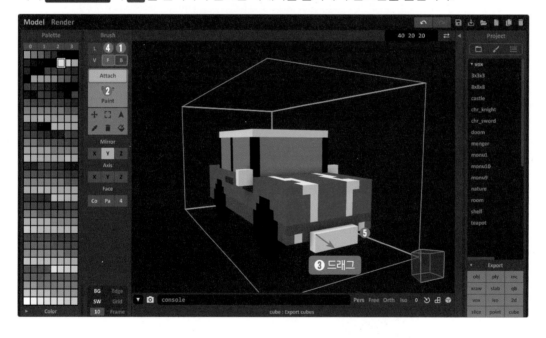

❺ 같은 방법으로 뒤쪽에도 '번호판'을 완성한 후 'png' 파일로 저장하기 위해 오른쪽 하단 메뉴 중 `▼ Export` 에서 `2d` 를 클릭하고 "자동차"로 저장합니다.

01 '트럭'을 모델링하고 예쁘게 색칠해 보세요.

실습파일 : 트럭.vox   완성파일 : 트럭(완성).vox

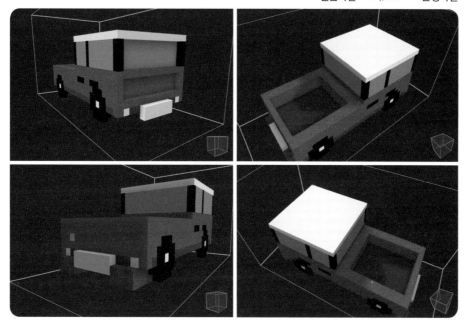

02 '오토바이'를 모델링하고 예쁘게 색칠해 보세요.

실습파일 : 오토바이.vox   완성파일 : 오토바이(완성).vox

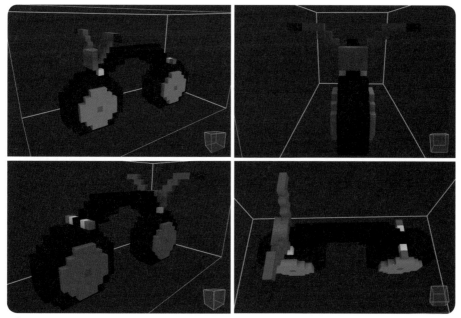

Brush 의 C 와 B 를 선택하고, Mirror 의 X 를 선택한 후 벽면에 오토바이 틀을 만들고, 중간으로 이동하여 오토바이를 완성해 봅니다.

12 기분 전환 드라이브하기

예림이는 기분 좋게 드라이브를 하려고 아빠와 함께 도로에 나왔는데 쓰레기가 너무 많아서 드라이브하기가 어려웠어요. 여러분이 예림이가 쓰레기를 피해 안전하게 드라이브할 수 있도록 도와주세요.

▸ 키보드로 움직임을 제어할 수 있습니다.
▸ 자동차가 점프할 수 있습니다.
▸ 신호를 사용할 수 있습니다.

· 실습파일 : 드라이브.ent   · 완성파일 : 드라이브(완성).ent

이렇게 코딩해요

오브젝트를 키보드의 방향키로 움직일 수 있도록 만들고 스페이스 키를 누르면 쓰레기를 피해 점프할 수 있게 코드를 완성해 보세요.

✅ 사용할 주요 블록

블록 꾸러미	명령 블록	설명
판단	오른쪽 화살표 ▼ 키가 눌려져 있는가?	키보드의 키를 눌렀는지 확인합니다.
판단	쓰레기 ▼ 에 닿았는가?	해당 오브젝트가 다른 오브젝트에 닿았는지 확인합니다.
움직임	x 좌표를 4 만큼 바꾸기	오브젝트를 왼쪽이나 오른쪽으로 이동시킵니다.
시작	쓰레기 충돌 ▼ 신호 보내기	선택한 신호를 보내 코드를 실행시킵니다.

1 자동차 충돌 미션 확인하기

❶ [실습파일]-[12차시]에서 '드라이브.ent'를 불러온 후 '자동차'가 처음 나타날 위치를 설정하기 위해 '자동차' 오브젝트를 선택하고 시작 의 ▶ 시작하기 버튼을 클릭했을 때 를 추가합니다.

❷ 움직임 의 x: 0 y: 0 위치로 이동하기 를 아래에 연결하고 x 좌표를 '-155'로, y 좌표를 '-40'으로 변경한 후 흐름 의 계속 반복하기 를 드래그하여 연결합니다.

❸ '자동차'가 '쓰레기'에 닿았는지 확인할 수 있도록 흐름 의 만일 참 이라면 을 드래그하여 반복 블록 안쪽에 연결한 후 판단 의 마우스포인터 ▼ 에 닿았는가? 를 조건에 끼워 넣고 '쓰레기'로 변경합니다.

❹ '쓰레기'에 닿으면 신호를 보내기 위해 시작 의 대상없음 ▼ 신호 보내기 를 조건문 안쪽에 연결한 후 신호를 '쓰레기 충돌'로 변경합니다.

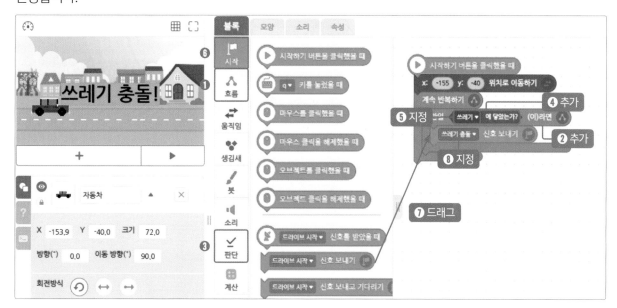

① 왼쪽 화살표 키를 누르면 왼쪽으로 이동하기 위해 [흐름]의 ███████ 을 반복 블록 안쪽에 연결한 후 [판단]의
███████ 를 조건에 끼워 넣고 키를 '왼쪽 화살표'로 변경합니다.

② [움직임]의 ███████ 를 조건 블록 안쪽에 연결한 후 값을 '−4'로 변경합니다.

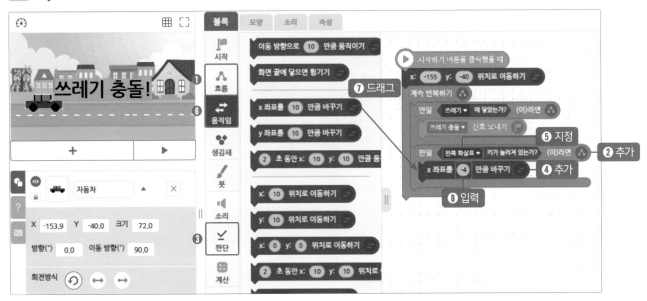

③ 오른쪽 화살표 키를 누르면 오른쪽으로 이동하게 만들기 위해 [흐름]의 ███████ 을 반복 블록 안쪽에 연결하고
[판단]의 ███████ 를 조건에 끼워 넣은 후 키를 '오른쪽 화살표'로 변경합니다.

④ [움직임]의 ███████ 를 조건문 안쪽에 연결하고 값을 '4'로 입력합니다.

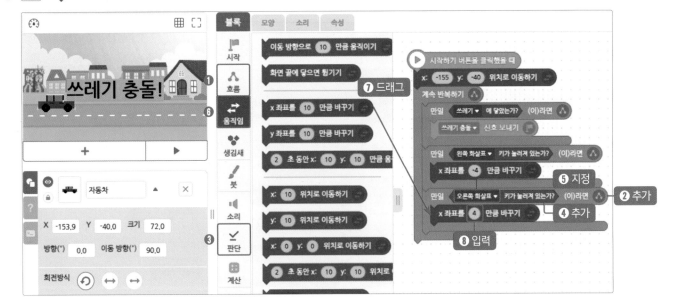

3 점프기능 추가하기

❶ 스페이스 키를 누르면 '자동차'가 점프할 수 있도록 하기 위해 [시작] 의 (q▼ 키를 눌렀을 때)를 드래그하여 추가한 후 [흐름] 의 (10 번 반복하기)를 드래그하여 연결하고 키를 '스페이스'키로, 반복 횟수를 '25'로 지정합니다.

❷ '자동차'가 위쪽으로 이동할 수 있도록 [움직임] 의 (y좌표를 10 만큼 바꾸기)를 드래그하여 반복문 안쪽에 끼워 넣은 후 값을 '5'로 입력합니다.

❸ '자동차'가 다시 아래쪽으로 이동할 수 있도록 [흐름] 의 (10 번 반복하기)를 아래쪽에 연결하고 반복 횟수를 '25'로 지정한 후 [움직임] 의 (y좌표를 10 만큼 바꾸기)를 드래그하여 반복문 안쪽에 연결하고 값을 '-5'로 변경합니다.

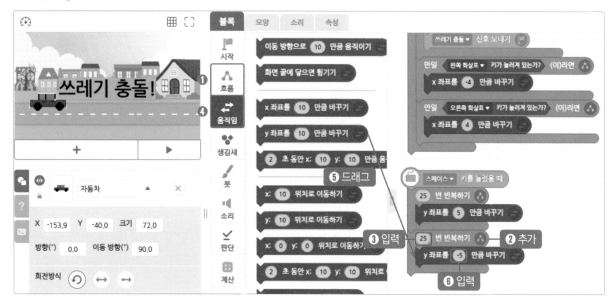

신호를 받으면 코드 멈추기

① '자동차'가 '쓰레기'에 닿아 '쓰레기 충돌' 신호를 받으면 동작을 멈추기 위해 [시작]의 (드라이브 시작 ▼ 신호를 받았을 때)를 드래그하여 추가한 후 신호를 '쓰레기 충돌'로 변경합니다.

② [호름]의 (모든 ▼ 코드 멈추기)를 드래그하여 연결한 후 코드를 '자신의 다른' 코드로 변경합니다.

③ 작업이 완료되면 ▶ 버튼을 클릭하여 프로그램에 오류가 있는지 확인한 후 [파일(目▼)]-[복사본으로 저장하기]를 선택하여 '드라이브.ent'로 저장합니다.

혼자서 **미션** 해결하기

01 '물고기'가 좌우로 이동하다 점프하여 '사료'를 먹을 수 있도록 코드를 완성해 보세요.

실습파일 : 사료 먹기.ent   완성파일 : 사료 먹기(완성).ent

❶ 시작하기 버튼을 클릭하면 ➡ ❷ ❸~❿을 계속 반복하기 ➡ ❸ 이동 방향으로 '5'만큼 움직이기 ➡ ❹ 화면 끝에 닿으면 튕기기 ➡ ❺ 만일 ➡ ❻ '스페이스키'를 누르면 ➡ ❼ ❽을 20번 반복하기 ➡ ❽ y 좌표를 '10'만 큼 바꾸기 ➡ ❾ ❿을 20번 반복하기 ➡ ❿ y 좌표를 '-10'만큼 바꾸기

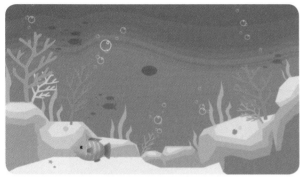

▲ 점프 전

▲ 점프 후

02 '좀비'가 복제되어 오른쪽으로 이동하다 '총알'에 닿으면 복제본이 삭제되도록 코드를 완성해 보세요.

실습파일 : 좀비 제거하기.ent   완성파일 : 좀비 제거하기(완성).ent

❶ 복제본이 처음 생성되었을 때 ➡ ❷ 모양을 보이기 ➡ ❸ 오른쪽 벽에 닿을 때까지 ➡ ❹ ❺~❾를 반복하기 ➡ ❺ x 좌표를 2만큼 바꾸기 ➡ ❻ 만일 ➡ ❼ 총알에 닿으면 ➡ ❽ 0.1초 기다리기 ➡ ❾ 이 복제본 삭제하기 ➡ ❿ (오른쪽 벽에 닿으면) 이 복제본 삭제하기

▲ 복제 전

▲ 복제 후

12 기분 전환 드라이브하기   **87**

동그란 풍선 모델링하기

한솔이는 동생의 생일파티를 준비하기 위해 문구점에 들려 풍선을 사려 했어요. 그런데 문구점에 풍선이 다 팔려서 살 수 없게 되었어요. 여러분이 한솔이가 동생 생일파티를 할 수 있도록 풍선을 만들어 주세요.

학습목표
▸ 원 기능으로 풍선을 모델링할 수 있습니다.
▸ 풍선을 2D로 모델링할 수 있습니다.
▸ 풍선을 묶은 끈을 모델링할 수 있습니다.

· 실습파일 : 풍선.vox   · 완성파일 : 풍선(완성).vox

이렇게 만들어요

원을 이용해 둥근 풍선을 만들고 페인트 기능으로 풍선을 꾸며 보세요. 미러 기능을 이용하여 눈과 볼을 색칠해 좌우 모양이 같은 풍선을 만들어 보세요.

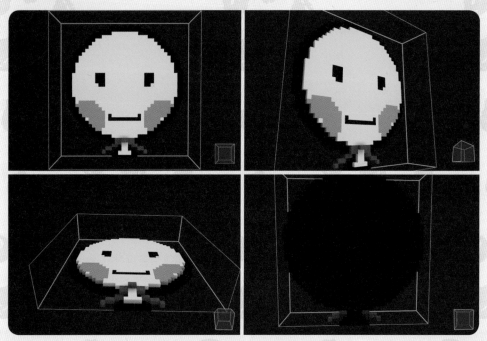

✅ 사용할 주요 기능

기능	메뉴	설명
미러 기능	Mirror 의 Y	선택한 축의 반대편에도 같은 복셀을 그립니다.
풍선 그리기	Brush 의 C	원형 모양의 복셀을 그립니다.
풍선끈 그리기	Brush 의 L	드래그하여 자유롭게 선을 그립니다.

1 노란 풍선 모델링하기

① [실습파일]-[13차시]에 있는 '풍선.vox'를 불러와 풍선 모양을 만들기 위해 ▇Brush▇ 의 ▇C▇ 와 ▇Attach▇ 를 선택한 후 ▇Mirror▇ 의 ▇X▇ 를 선택하고, ▇Palette▇ 의 색상을 검은색(▇)으로 선택합니다.

② 작업창 정면쪽 벽에 동그란 원 하나를 그리기 위해 정면쪽 벽 중간에서 바깥쪽으로 드래그합니다.

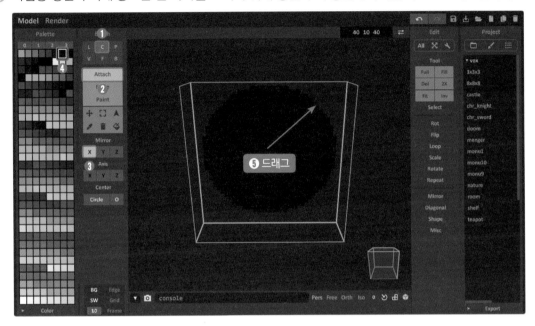

③ '풍선'의 꼬리를 만들기 위해 ▇Brush▇ 의 ▇V▇ 를 클릭하고 '동그란' 원 아래를 클릭하여 풍선 꼬리를 만듭니다.

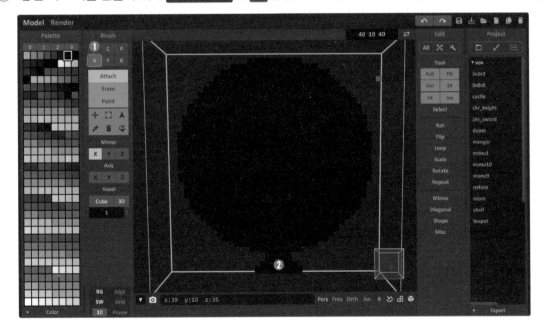

④ '검정색' 원 위에 '노란색' 원을 추가하기 위해 [Palette]의 색상을 노란색(■)으로 선택한 후 [Brush]의
[C]를 선택하여 '검정 원'의 중심에서 바깥쪽으로 드래그합니다.

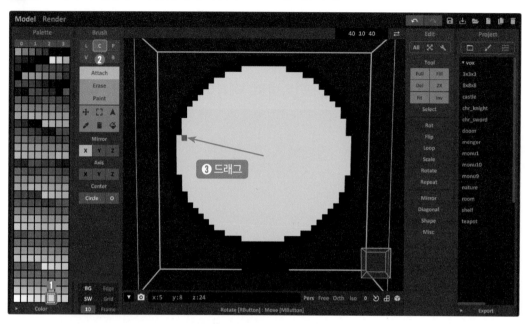

⑤ '풍선'에 노란색 꼬리를 만들기 위해 [Brush]의 [V]를 선택하고 노란색 원 아래를 클릭하여 풍선 꼬리를 만듭
니다.

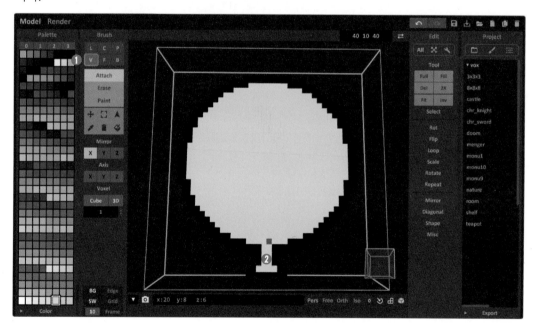

2 풍선에 리본끈 모델링하기

① '풍선' 꼬리에 빨간색 끈을 달기 위해 **Brush** 의 **L** 을 선택하고 **Palette** 의 색상을 빨간색(🟥)을 선택
합니다.

② '풍선' 꼬리 부분에서 드래그하여 묶인 끈을 표현해 봅니다.

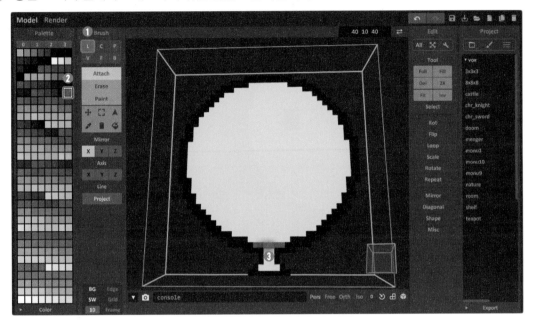

③ 튀어나오는 끈을 표현하기 위해 드래그하여 그립니다.

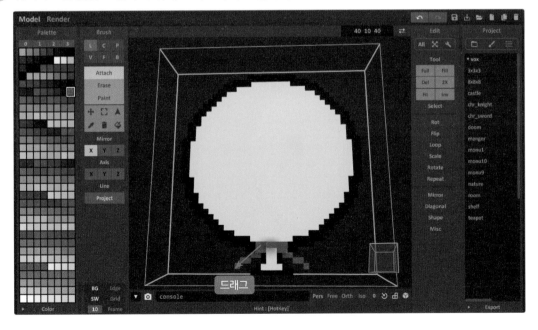

❶ '풍선'에 얼굴을 만들기 위해 ▭Palette▭ 의 색상을 검은색(■)으로 선택한 후 ▭Brush▭ 의 ▭V▭ 와
▭Paint▭ 를 클릭합니다. 클릭하여 '풍선'에 눈을 표현해 봅니다.

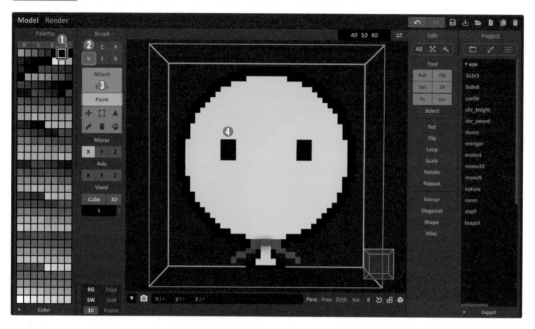

❷ 눈이 반짝이는 모습을 표현하기 위해 ▭Palette▭ 의 색상을 흰색(□)으로 선택한 후 눈 안쪽에 클릭하여 반짝이
눈을 표현해 봅니다.

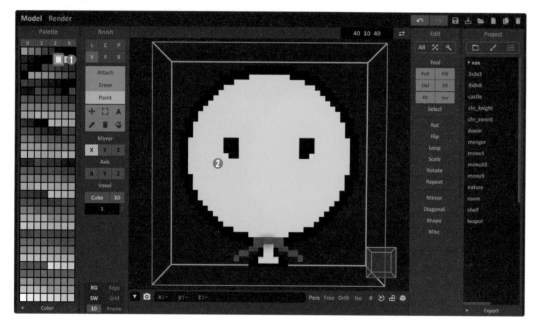

❸ '풍선'에 발그레한 볼을 표현하기 위해 [Palette]의 색상을 연한 주황색(⬜)으로 선택한 후 [Brush]의 [C]를 클릭하고 노란 '풍선' 바깥쪽에서 안쪽으로 드래그합니다.

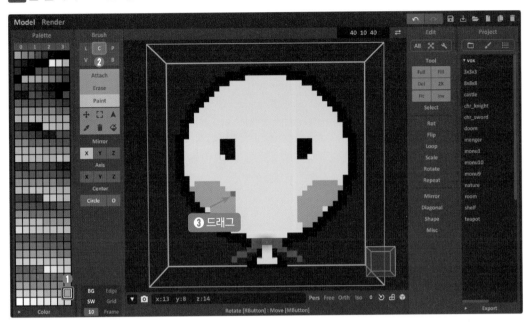

❹ '풍선'에 입을 표현하기 위해 [Palette]의 색상을 검은색(⬛)으로 선택한 후 [Brush]의 [L]를 클릭하고 드래그하여 입을 완성합니다.

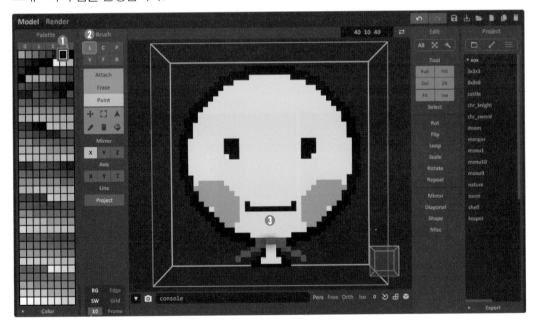

❺ 풍선을 'png' 파일로 저장하기 위해 오른쪽 하단 메뉴 중 [▼ Export]에서 [2d]를 클릭하고 "풍선"으로 저장합니다.

01 '전구'를 모델링하고 예쁘게 색칠해 보세요.

실습파일 : 전구.vox   완성파일 : 전구(완성).vox

 02 '강아지'를 모델링하고 예쁘게 색칠해 보세요.

실습파일 : 강아지.vox   완성파일 : 강아지(완성).vox

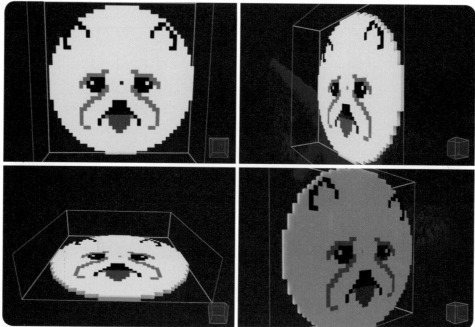

파티장 꾸미기

한솔이는 친구 생일 파티를 준비하기 위해 풍선을 불기로 했어요. 근데 시간이 얼마 남지 않아 제 시간 안에 풍선을 장식할 수 없을 것 같아 걱정하고 있어요. 여러분이 한솔이를 도와 파티장 꾸미 는 걸 도와주세요.

학습 목표

▸ 키보드의 좌우 화살표 키로 풍선의 크기를 변경할 수 있습니다.

▸ 크기가 커진 풍선을 날릴 수 있습니다.

▸ 떠 있는 풍선을 터트릴 수 있습니다.

· **실습파일** : 파티장 꾸미기.ent   · **완성파일** : 파티장 꾸미기(완성).ent

이렇게 코딩해요

풍선에 바람이 어느 정도 들어가면 위쪽으로 날아가는 모습을 표현하고 위쪽으로 날아간 풍선이 천장에 닿았을 때 이동하 는 모습을 코딩해 보세요.

✅ 사용할 주요 블록

블록 꾸러미	명령 블록	설명
판단	10 = 10	두 값이 같은지 비교합니다.
판단	위쪽 벽 ▼ 에 닿았는가?	해당 오브젝트가 다른 오브젝트에 닿았는지 확인합니다.
움직임	y 좌표를 1 만큼 바꾸기	오브젝트를 위나 아래로 이동시킵니다.
계산	20 부터 220 사이의 무작위 수	입력한 두 수 사이의 무작위 수를 뽑습니다.

파티장을 꾸밀 풍선 날리기

❶ [실습파일]-[14차시]에 있는 '파티장 꾸미기.ent'를 열고 복제된 풍선이 위쪽 벽에 닿을 때까지 날아갈 수 있도록 ▲흐름의 ● 복제본이 처음 생성되었을때 와 참 이 될 때까지▼ 반복하기▲ 를 드래그하여 연결합니다.

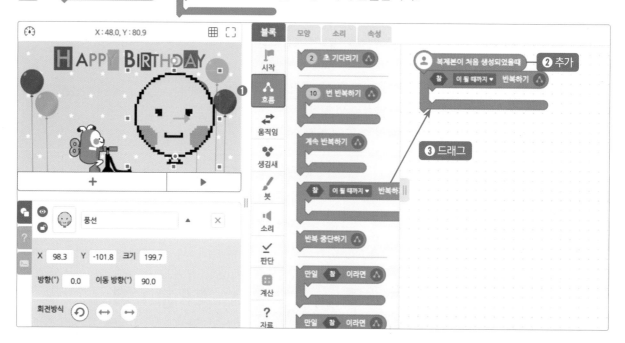

❷ ✓판단의 마우스포인터▼ 에 닿았는가? 를 조건에 끼워 넣고, ↔움직임의 y 좌표를 10 만큼 바꾸기 를 드래그하여 조건 블록 안쪽에 연결한 후 대상을 '위쪽 벽'으로, 값을 '1'로 변경합니다.

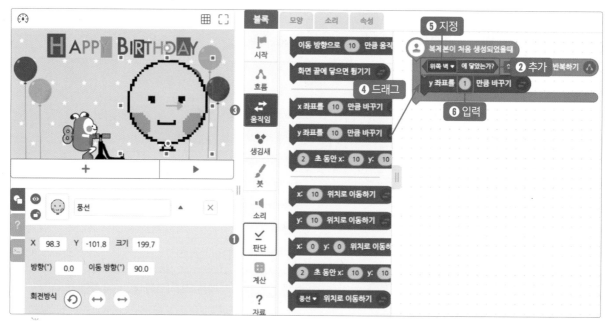

실습파일에는 왼쪽과 오른쪽 화살표 키를 누르면 엔트리봇의 모양을 바꾸고 키를 누를 때마다 풍선의 크기가 커지면서 일정 크기 만큼 풍선이 커지면 복제본을 만드는 코드가 만들어져 있습니다. 여러분이 코딩할 부분은 풍선이 위로 이동하고 왼쪽과 오른쪽 임의의 방향으로 이동하는 코드입니다.

2 풍선 위치 지정하기

① '풍선'이 날아가다 '위쪽 벽'에 닿으면 풍선이 왼쪽으로 이동할지 오른쪽으로 이동할지 결정하기 위해 [흐름] 의 [만일 참 (이)라면/아니면] 을 아래쪽에 연결하고 [판단] 의 10 = 10 을 끼워 넣습니다.

② [계산] 의 0 부터 10 사이의 무작위 수 를 드래그하여 첫 번째 칸에 끼워 넣고 무작위 수 값을 '1'과 '2'로 입력합니다. 등호 뒤의 값을 '1'로 입력합니다.

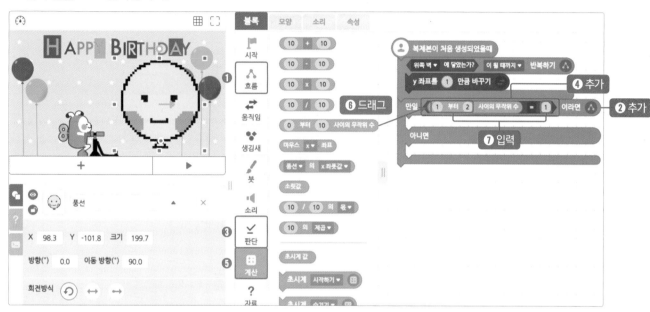

③ 무작위 수 '1'과 같으면 왼쪽으로 이동하도록 만들기 위해 [흐름] 의 [10 번 반복하기] 를 조건 블록의 참에 연결하고 [계산] 의 0 부터 10 사이의 무작위 수 를 횟수에 끼워 넣고, 값을 '20'과 '220'으로 입력합니다.

④ [움직임] 의 x좌표를 10 만큼 바꾸기 를 반복 블록 안에 연결한 후 값을 '-1'로 입력합니다.

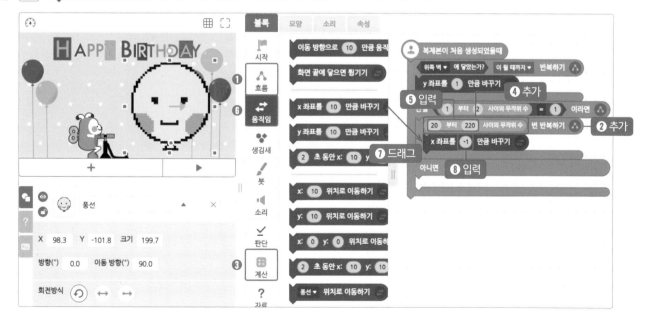

❺ 무작위 수가 '2'와 같으면 오른쪽으로 이동하도록 만들기 위해 [호름]의 [10 번 반복하기]를 조건 블록의 참에 연결하고 [계산]의 [0 부터 10 사이의 무작위 수]를 횟수에 끼워 넣고, 값을 '20'과 '220'으로 입력합니다.

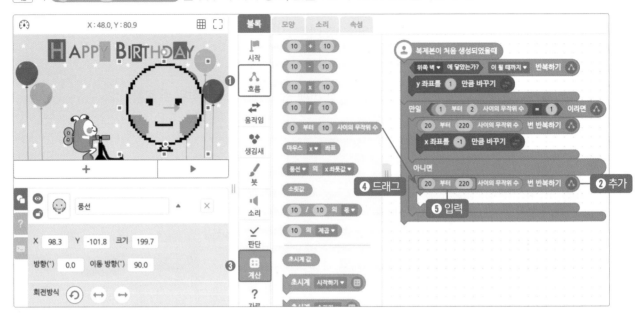

❻ [움직임]의 [x 좌표를 10 만큼 바꾸기]를 반복문 안에 끼워 넣고 값을 '1'로 변경합니다.

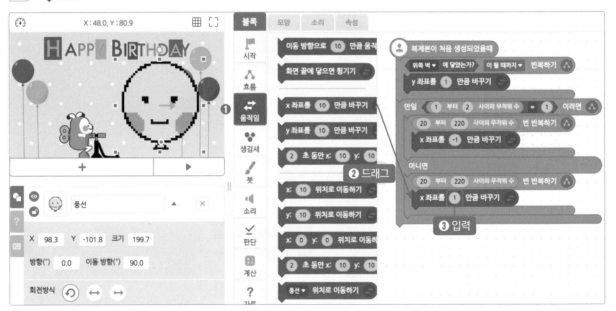

❼ 코딩이 마무리되면 ▶ 버튼을 클릭하여 프로그램에 오류가 있는지 확인한 후 '파티장 꾸미기.ent'로 저장합니다.

01 '자동차' 오브젝트가 임의의 차선에서 움직이는 코드를 완성해 보세요.

실습파일 : 자동차 운전.ent   완성파일 : 자동차 운전(완성).ent

❶ 시작하기 버튼을 클릭하면 ➡ ❷ ❸~❽을 계속 반복하기 ➡ ❸ 만일 ➡ ❹ 1부터 2 사이의 무작위 수가 ➡ ❺ 1과 같으면 ➡ ❻ x 좌표 −185, y 좌표 −22 위치로 이동하기 ➡ ❼ 그렇지 않으면 x 좌표 −185, y 좌표 −55 위치로 이동하기 ➡ ❽ 출발 신호를 보내고 기다리기

▲ 위치 설정 전

▲ 위치 설정 후

실습파일에는 신호를 받으면 오른쪽 벽에 닿을 때까지 '자동차' 오브젝트가 이동하는 코드가 추가되어 있습니다.

02 '선수' 오브젝트가 좌우로 이동하는 모습의 코드를 완성해 보세요.

실습파일 : 달리기 연습.ent   완성파일 : 달리기 연습(완성).ent

❶ '출발' 신호를 받았을 때 ➡ ❷ 모양 보이기 ➡ ❸ '벽'에 닿을 때까지 ➡ ❹ ❺~❻을 반복하기 ➡ ❺ 이동 방향으로 '5'만큼 움직이기 ➡ ❻ '다음' 모양으로 바꾸기 ➡ ❼ 모양 숨기기

▲ 조건 적용 전

▲ 조건 적용 후

실습파일에는 무작위 수를 정해 값에 따라 왼쪽과 오른쪽 방향으로 달리도록 하는 코드가 추가되어 있습니다.

배드민턴 라켓 모델링하기

진기는 다음날 체육시간에 사용할 배드민턴 라켓을 찾았지만 사라진 라켓을 찾지 못해 속상했어요. 진기가 배드민턴 라켓을 가져갈 수 있도록 여러분이 라켓을 만들어 주세요.

학습목표
▹ 배드민턴 라켓을 모델링할 수 있습니다.
▹ 원을 이용하여 라켓의 머리 부분을 모델링할 수 있습니다.
▹ 모델링한 라켓의 색상을 변경할 수 있습니다.

· **실습파일** : 배드민턴 라켓.vox   · **완성파일** : 배드민턴 라켓(완성).vox

이렇게 만들어요

모델링한 복셀에서 불필요한 복셀을 삭제하여 구멍이 뚫린 원 모양을 만들고 선 기능을 이용하여 원에 격자 모양을 만들어 배드민턴 라켓을 모델링 해보세요.

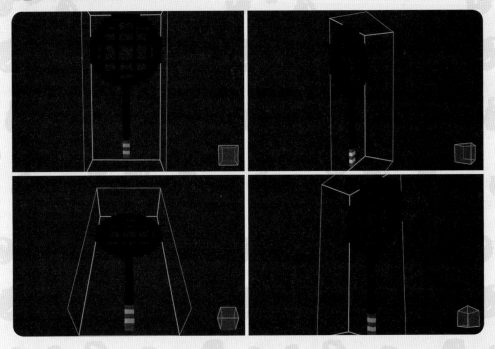

✅ 사용할 주요 기능

기능	메뉴	설명
미러 기능	Mirror 의 X	선택한 축의 반대편에도 같은 복셀을 그립니다.
배드민턴 원 그리기	Brush 의 C	중심점에서 드래그하여 원을 그립니다.
배드민턴 라켓 뚫기	Brush 의 F - Erase	클릭하거나 드래그하여 복셀을 지웁니다.
배드민턴 라켓 줄 만들기	Brush 의 L	드래그하여 자유롭게 선을 그립니다.

① [실습파일]-[15차시]에 있는 '배드민턴 라켓.vox'를 불러와 '배드민턴 라켓'을 만들기 위해 Brush 의 C 와 Attach 를 선택한 후 Mirror 의 X 를 선택하고, Palette 에서 검은색(■)을 선택합니다.

② 작업창 정면쪽에 원을 그리기 위해 작업창 정면쪽 중간에서 바깥쪽으로 드래그합니다.

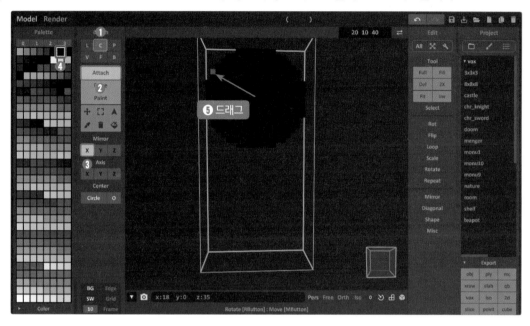

③ '라켓'의 손잡이를 만들기 위해 Brush 의 B 를 선택하고, 원 아래에서 작업창 아래쪽으로 드래그합니다.

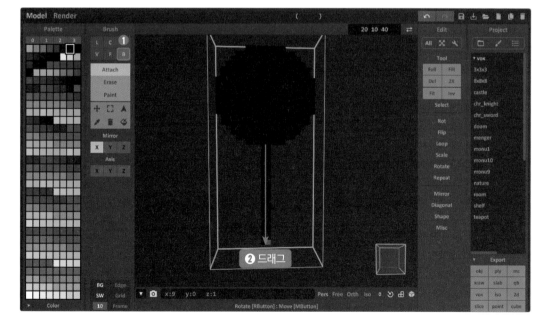

④ '라켓'을 뚫기 위해 [Brush] 의 [C] 와 [Paint] 를 선택하고 [Palette] 에서 흰색(☐)을 선택한 후 검정 원 중간에서 바깥쪽으로 드래그하여 작은 원을 만듭니다.

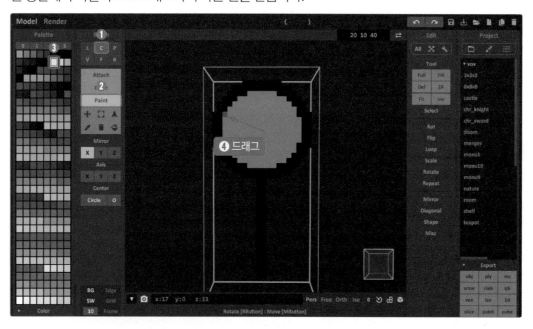

⑤ '라켓'을 뚫기 위해 [Brush] 의 [F] 와 [Erase] 를 선택하고 흰색 작은 원을 클릭하여 복셀을 삭제합니다.

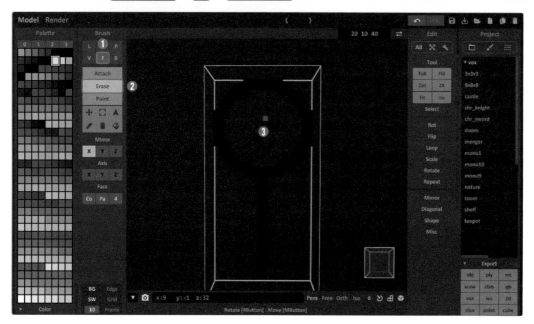

⑥ '라켓'의 뚫린 부분에 격자무늬를 만들기 위해 ▢Brush▢ 의 ▢L▢ 과 ▢Attach▢ 를 선택하고 ▢Palette▢ 에서 검은색(▢)을 선택한 후 '라켓'에서 드래그하여 격자무늬 모양을 만듭니다.

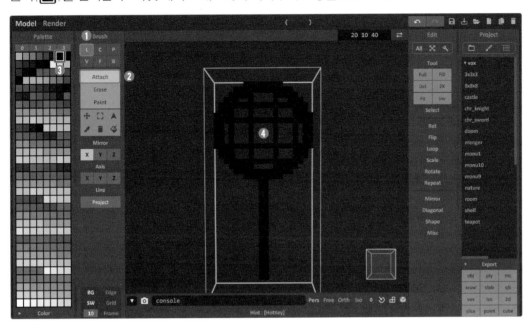

② 배드민턴 라켓 손잡이 색칠하기

① '라켓'의 손잡이를 만들기 위해 ▢Brush▢ 의 ▢L▢ 과 ▢Paint▢ 를 선택하고 ▢Palette▢ 에서 빨간색(▢)을 선택한 후 '라켓'의 손잡이에 색을 칠해 봅니다.

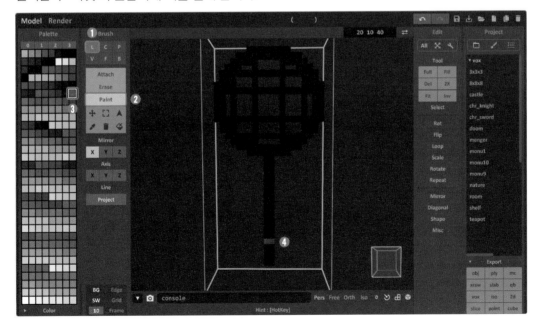

❷ 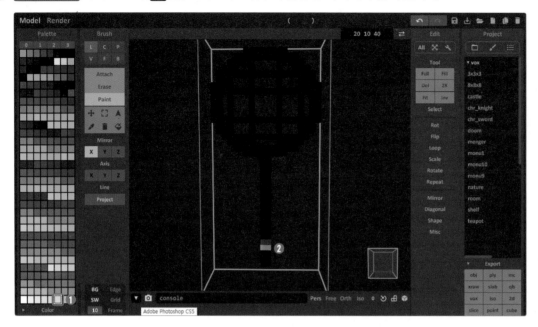 에서 노란색(⬜)을 선택한 후 '라켓'의 빨간선 아래쪽에 칠해 봅니다.

❸ ❶~❷와 같은 방법으로 손잡이를 완성해 봅니다.

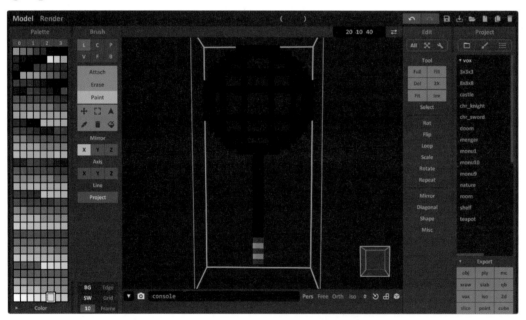

❹ 'png' 파일로 저장하기 위해 오른쪽 하단 메뉴 중 ▼ Export 에서 2d 를 클릭하여 "배드민턴 라켓"으로 저장합니다.

01 '마인크래프트 칼'을 모델링하고 예쁘게 색칠해 보세요.

실습파일 : 마인크래프트 칼.vox   완성파일 : 마인크래프트 칼(완성).vox

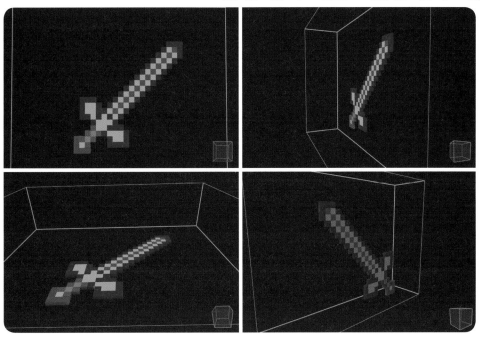

02 '마인크래프트 곡괭이'를 모델링하고 예쁘게 색칠해 보세요.

실습파일 : 마인크래프트 곡괭이.vox   완성파일 : 마인크래프트 곡괭이(완성).vox

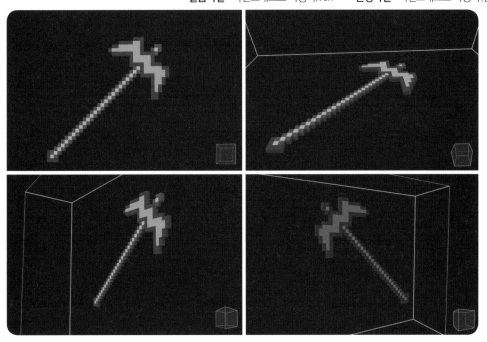

16 배드민턴 연습하기

진기는 여러분이 만들어 준 배드민턴 라켓을 가지고 친구와 함께 배드민턴 연습을 하게 되었어요. 하지만 기다리던 친구가 나오지 못한다는 메시지를 보내왔어요. 진기가 배드민턴 연습을 할 수 있도록 여러분이 도와주세요.

 학습목표
▹ 배드민턴 라켓이 마우스포인터를 따라 이동하게 할 수 있습니다.
▹ 배드민턴 라켓에 셔틀콕이 닿으면 반대로 날아가게 할 수 있습니다.
▹ 배드민턴 라켓을 휘두를 수 있습니다.

· **실습파일** : 배드민턴 연습하기.ent　　· **완성파일** : 배드민턴 연습하기(완성).ent

이렇게 코딩해요

배드민턴 라켓이 마우스포인터를 따라 이동하게 할 수 있습니다. 마우스를 클릭하면 날아오는 셔틀콕을 쳐내 셔틀콕이 반대로 날아가게 할 수 있습니다.

✅ 사용할 주요 블록

블록 꾸러미	명령 블록	설명
움직임	마우스포인터 ▼ 위치로 이동하기	오브젝트가 마우스포인터 위치로 이동합니다.
	x: -200 위치로 이동하기	오브젝트의 위치를 입력한 좌표로 이동합니다.
	방향을 45° 만큼 회전하기	오브젝트의 방향을 입력한 각도로 회전시킵니다.
생김새	배드민턴 연습 종료! 을(를) 말하기 ▼	오브젝트가 입력한 텍스트를 말하게 합니다.

1 배드민턴 라켓 위치 지정하기

① [실습파일]-[16차시]에 있는 '배드민턴 연습하기.ent'를 불러와 '플레이어 라켓'이 마우스포인터를 따라 이동할 수 있도록 만들기 위해 '플레이어 라켓' 오브젝트를 선택한 후 시작의 ▶ 시작하기 버튼을 클릭했을 때 와 흐름의 계속 반복하기 를 연결합니다.

② 움직임의 플레이어 라켓 ▼ 위치로 이동하기 를 반복 블록 안쪽에 연결한 후 대상을 '마우스포인터'로 지정합니다.

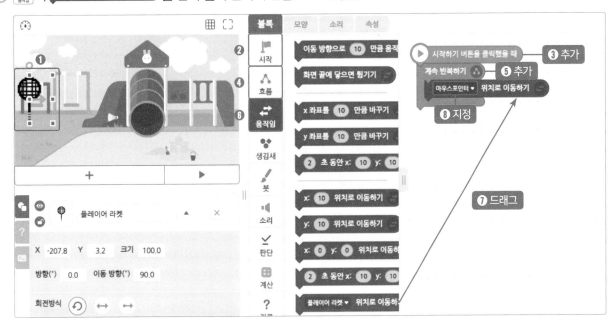

③ '배드민턴 라켓'이 마우스포인터를 따라 이동할 때 x 좌푯값은 변경되지 않도록 지정하기 위해 움직임의 x: 10 위치로 이동하기 를 드래그하여 반복 블록 안쪽에 연결한 후 x의 좌푯값을 '-200'으로 입력합니다.

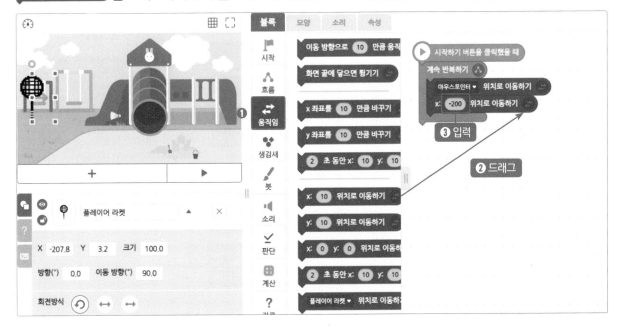

2 배드민턴 라켓 휘두르기

❶ 마우스를 클릭하면 배드민턴 라켓을 휘두르는 모습을 표현하기 위해 ∧의 `만일 참 이라면` 을 반복 블록 안쪽에 연결한 후 ✓의 `마우스를 클릭했는가?` 를 조건에 끼워 넣습니다.

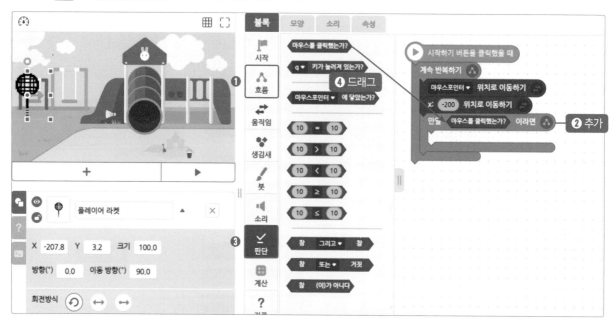

❷ 배드민턴 라켓의 각도를 조절하기 위해 ⇄의 `방향을 90° 만큼 회전하기` 와 ∧의 `2 초 기다리기 ∧`, ⇄의 `방향을 90° (으)로 정하기` 를 차례대로 조건 블록 안쪽에 연결합니다.

❸ 회전 방향은 '45'도로, 시간을 '0.2'초로, 지정할 방향을 '0'도로 각각 지정합니다.

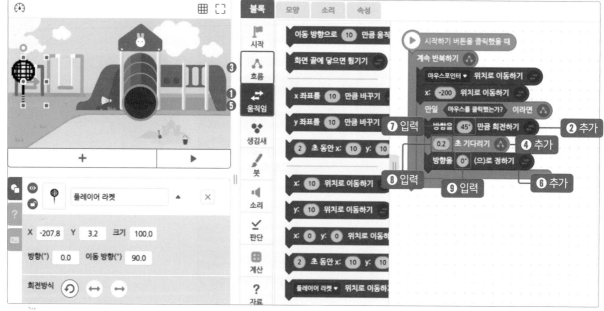

 시작하기 버튼을 클릭하면 셔틀콕이 임의의 위치로 이동하고 컴퓨터 라켓에 닿으면 플레이어 라켓으로 이동하도록 컴퓨터와 대전하는 게임처럼 코드가 만들어져 있습니다.

3 게임종료 말하기

1 '게임종료' 신호를 받으면 다른 코드의 실행을 멈추기 위해 [시작]의 (게임종료▼ 신호를 받았을 때)를 추가한 후 [흐름]의 (모든▼ 코드 멈추기)를 2번 드래그하여 연결합니다.

2 '신호'는 '게임종료'로, '모든'을 '자신의 다른'과 '다른 오브젝트의'로 각각 지정합니다.

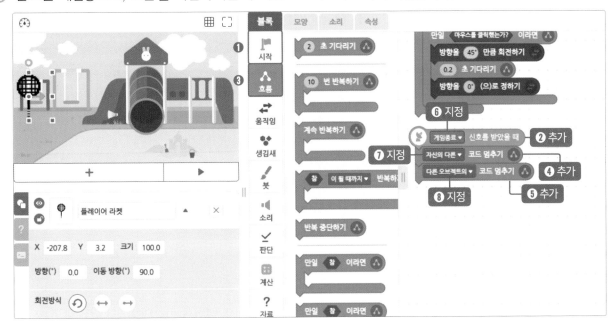

3 '게임종료'가 되면 말을 하기 위해 [생김새]의 (안녕! 을(를) 말하기▼)와 [흐름]의 (모든▼ 코드 멈추기)를 드래그하여 연결한 후 말을 "배드민턴 연습 종료!"로 입력합니다.

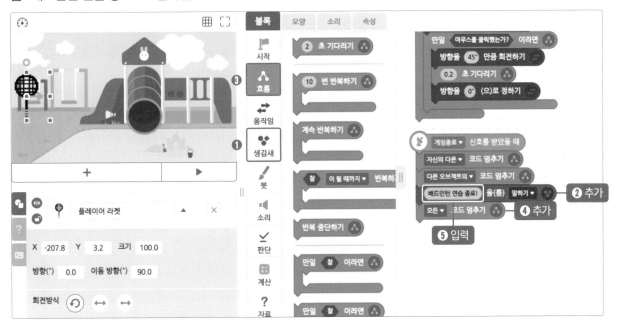

4 코딩이 마무리되면 ▶ 버튼을 클릭하여 프로그램에 오류가 있는지 확인한 후 '배드민턴 연습하기.ent'로 저장합니다.

01 마우스로 '바구니' 오브젝트를 옮겨 떨어지는 물고기를 받는 코드를 완성해 보세요.

실습파일 : 물고기 받기.ent   완성파일 : 물고기 받기(완성).ent

❶ 시작하기 버튼을 클릭하면 ➜ ❷ ❸~❾를 계속 반복하기 ➜ ❸ '마우스포인터' 위치로 이동하기 ➜ ❹ y 좌표를 '-155' 위치로 이동하기 ➜ ❺ 만일 ➜ ❻ 물고기에 닿으면 ➜ ❼ '색깔' 효과를 '10'만큼 주기 ➜ ❽ '0.2'초 기다리기 ➜ ❾ 효과를 모두 지우기

▲ 위치 이동 전

▲ 위치 이동 후

 힌트

실습파일에는 물고기가 바구니나 벽에 닿을 때까지 무작위 수만큼 반복해서 이동하도록 코드가 완성되어 있습니다.

02 고장 난 시계의 '초침' 오브젝트가 '1'초마다 움직일 수 있도록 코드를 완성해 보세요.

실습파일 : 시계.ent   완성파일 : 시계(완성).ent

❶ 시작하기 버튼을 클릭했을 때 ➜ ❷ ❸~❺를 계속 반복하기 ➜ ❸ '60'번 반복하기 ➜ ❹ '1'초 기다리기 ➜ ❺ 방향을 '6'도만큼 회전하기

▲ 회전 전

▲ 회전 후

 힌트

실습파일에는 분침과 시침이 초침에 따라 움직이도록 코드가 완성되어 있습니다.

귀여운 몬스터 모델링하기

연미는 몬스터 영화를 보다 영화에 나오는 귀여운 몬스터 피규어를 갖고 싶어졌어요. 여러분이 연미가 갖고 싶어 하는 몬스터 피규어를 만들어 주세요.

학습목표
▹ 몬스터를 모델링할 수 있습니다.
▹ 몬스터의 위치를 변경할 수 있습니다.
▹ 모델링한 몬스터의 색상을 변경할 수 있습니다.

· **실습파일** : 귀여운 몬스터.vox   · **완성파일** : 귀여운 몬스터(완성).vox

이렇게 만들어요

미러 기능을 이용하여 좌우 모양이 같은 몬스터를 만들고 지우기 기능을 이용하여 손가락과 발가락을 표현해 귀여운 몬스터 피규어를 만들어 보세요.

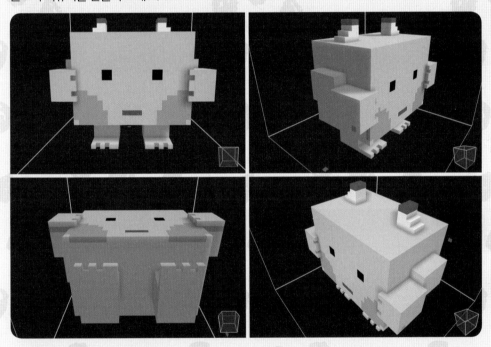

✅ 사용할 주요 기능

기능	메뉴	설명
미러 기능	Mirror 의 X	선택한 축의 반대편에도 같은 복셀을 그립니다.
캐릭터 몸 만들기	Brush 의 B	클릭하거나 드래그하여 복셀의 면을 추가합니다.
손과 발 만들기	Brush 의 V - Erase	클릭하거나 드래그하여 복셀을 지웁니다.

❶ [실습파일]-[17차시]에 있는 '귀여운 몬스터.vox'를 열고 몬스터의 몸을 만들기 위해 ▭ Brush ▭ 의 ▭ B ▭ 와
▭ Attach ▭ 를 선택합니다. 미러 기능을 켜기 위해 ▭ Mirror ▭ 의 ▭ X ▭ 를 선택하고, ▭ Palette ▭ 의 색상을 연한
하늘색(▭)으로 선택합니다.

❷ 작업창 바닥에 몬스터의 몸이 될 면을 그리기 위해 작업창 바닥 왼쪽 위에서 중간 아래쪽으로 드래그합니다.

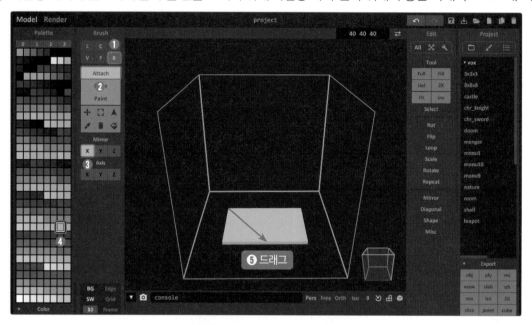

❸ '몬스터'의 몸통을 늘리기 위해 ▭ Brush ▭ 의 ▭ F ▭ 를 선택하고 드래그합니다.

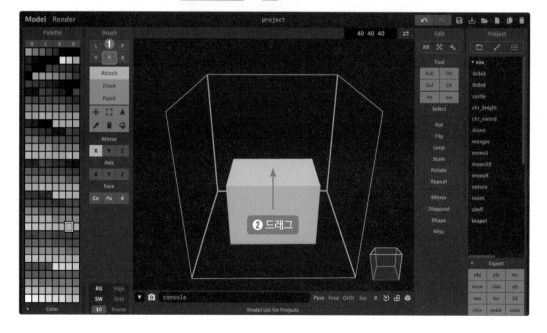

④ 마우스 오른쪽 버튼으로 드래그하여 작업창을 회전한 후 Brush 의 B 를 선택하여 어깨가 만들어질 위치에 면을 하나 그립니다.

⑤ Brush 의 F 를 선택한 후 드래그하여 어깨를 완성합니다.

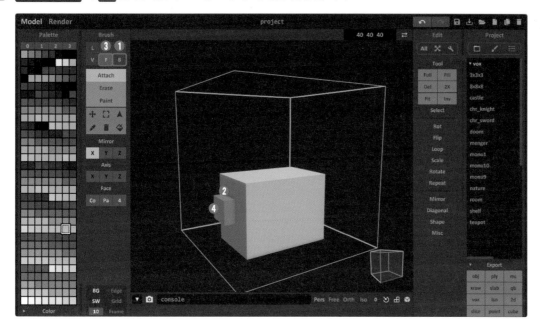

⑥ '몬스터'의 팔을 만들기 위해 Brush 의 B 를 선택한 후 팔이 들어갈 위치에 면을 하나 그립니다.

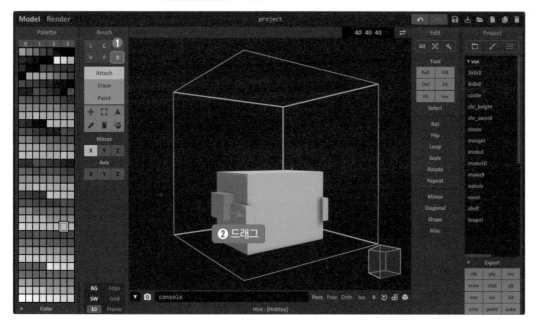

❼ 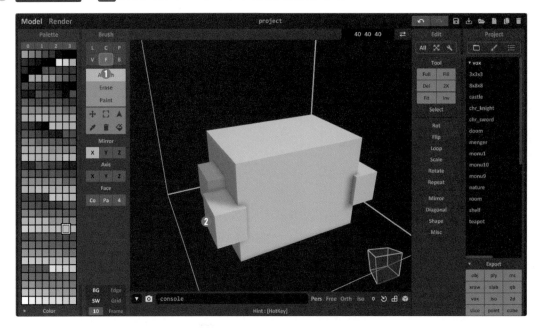 의 F 를 선택한 후 드래그하여 '팔'을 완성합니다.

❽ '몬스터'의 손가락을 만들기 위해 Brush 의 V 와 Erase 를 선택한 후 만들어진 '팔'에서 클릭하여 귀여운 '손가락'을 만들어 봅니다.

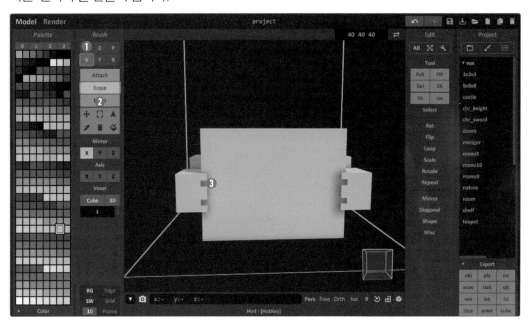

⑨ '몬스터'의 '뿔'을 만들기 위해 [Brush]의 [B]와 [Attach]를 선택한 후 [Palette]의 색상을 흰색(⬜)으로 선택하고 '뿔'을 만들어 봅니다.

⑩ '뿔'의 끝을 파란색으로 표현하기 위해 [Palette]의 색상을 파란색(⬛)으로 선택한 후 뿔을 완성해 봅니다.

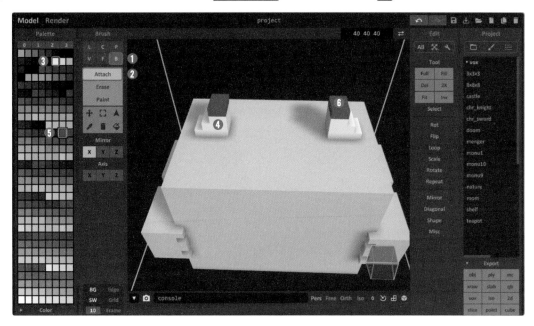

⑪ '몬스터'의 '다리'를 만들기 위해 키보드의 [Ctrl]+[A]를 눌러 몬스터를 전부 선택하고 ✛을 클릭한 후 위쪽으로 드래그하여 이동하고 [Ctrl]+[D]를 눌러 선택된 영역을 해제합니다.

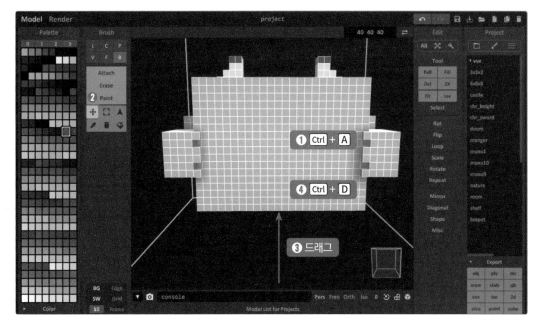

⑫ '몬스터'의 몸과 같은 색상을 선택하기 위해 [Brush]의 🖌를 선택한 후 '몬스터'를 클릭합니다. 마우스 오른쪽 버튼으로 드래그하여 작업창을 회전시키고 [Brush]의 B 와 [Attach]를 선택합니다.

⑬ '몬스터'의 몸 아래쪽에 다리를 만들 위치에 면을 하나 드래그하여 만들어 봅니다.

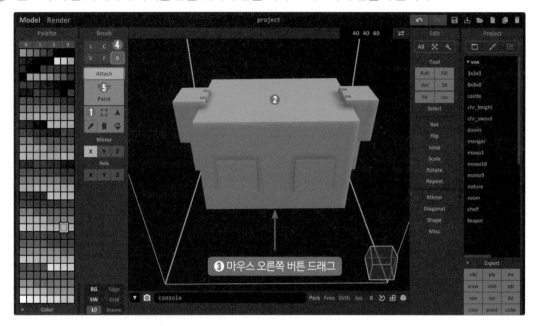

⑭ 다리를 늘리기 위해 [Brush]의 F 를 선택한 후 마우스를 아래쪽으로 드래그합니다.

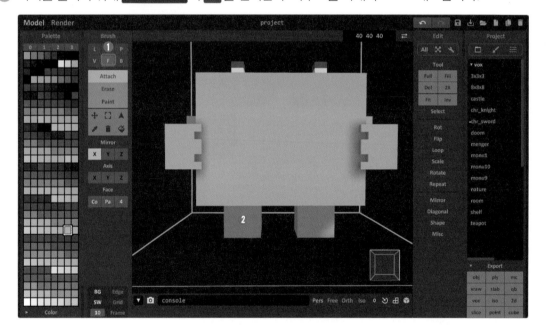

⑮ ▢ Brush ▢ 의 ▢ B ▢ 를 선택하여 다리에 이어서 발바닥을 만들어 봅니다.

⑯ ▢ Brush ▢ 의 ▢ V ▢ 와 ▢ Erase ▢ 를 선택한 후 블록을 삭제하여 발가락을 만들어 봅니다.

2 몬스터 얼굴 색칠하기

❶ ▢ Brush ▢ 의 ▢ V ▢ 와 ▢ Paint ▢ 를 선택한 후 ▢ Palette ▢ 에서 원하는 색상을 선택하여 몬스터의 얼굴을 색칠
해 봅니다.

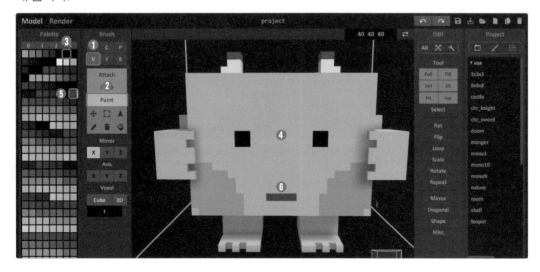

❷ '몬스터'를 'png' 파일로 저장하기 위해 오른쪽 하단 메뉴 중 ▢ Export ▢ 에서 ▢ 2d ▢ 를 클릭한 후 파일
명을 "몬스터"로 저장합니다.

혼자서 미션 해결하기

01 '카카오프렌즈 라이언'을 모델링하고 예쁘게 색칠해 보세요.

실습파일 : 라이언.vox   완성파일 : 라이언(완성).vox

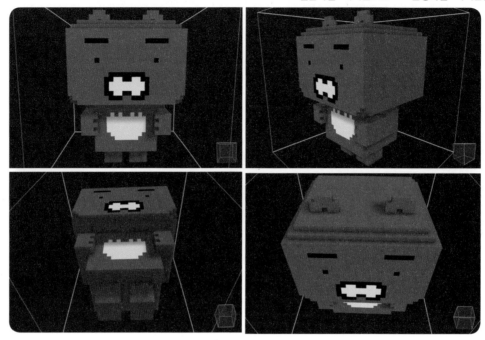

02 '카카오프렌즈 어피치'를 모델링하고 예쁘게 색칠해 보세요.

실습파일 : 어피치.vox   완성파일 : 어피치(완성).vox

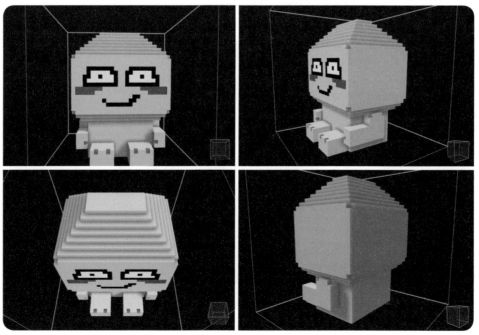

몬스터 물리치기

18

연미는 갖고 싶은 몬스터 피규어를 갖게 되어서 너무 좋았어요. 그런데 꿈에 나타난 몬스터가 마을에 들어와 마을 사람들을 괴롭히는 것이었어요. 여러분이 몬스터가 마을에 들어오지 못하도록 막아 사람들을 괴롭히지 못하도록 만들어 주세요.

학습목표
▸ 몬스터가 앞으로 다가오게 할 수 있습니다.
▸ 몬스터가 오브젝트에 닿으면 날아가게 할 수 있습니다.
▸ 몬스터의 크기와 위치를 변경할 수 있습니다.

· **실습파일** : 몬스터 물리치기.ent   · **완성파일** : 몬스터 물리치기(완성).ent

이렇게 코딩해요

'몬스터' 오브젝트의 크기를 키워 앞으로 다가오는 듯한 모습을 표현하고 오브젝트가 튕겨져 날아가는 모습을 표현해 보세요.

✅ 사용할 주요 블록

블록 꾸러미	명령 블록	설명
판단	마우스포인터 ▼ 에 닿았는가?	해당 오브젝트가 마우스포인터에 닿았는지 확인합니다.
움직임	y 좌표를 -1 만큼 바꾸기	y 좌표를 입력한 값만큼 바꿉니다.
계산	-180 부터 180 사이의 무작위 수	입력한 두 수 사이의 무작위 수를 뽑습니다.
생김새	크기를 10 (으)로 정하기	오브젝트의 크기를 입력한 값으로 정합니다.

❶ [실습파일]-[18차시]에 있는 '몬스터 물리치기.ent'를 열고 '장면'이 시작되면 1초 기다릴 수 있도록 [몬스터 물리 치기] 탭을 선택하고 '몬스터' 오브젝트를 선택합니다. 시작 의 장면이 시작되었을때 와 흐름 의 2 초 기다리기 를 드래그하 여 연결한 후 초를 '1'로 변경합니다.

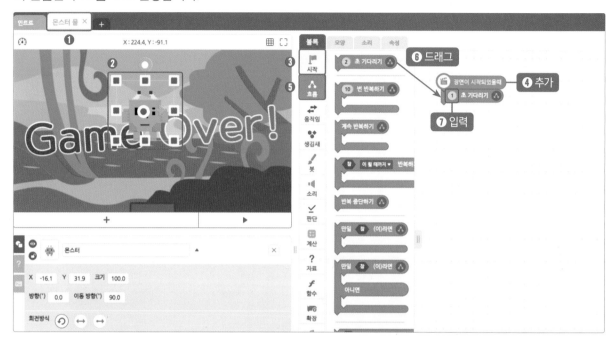

❷ 몬스터가 화면에 보이고 크기가 점차 커지도록 만들기 위해 흐름 의 계속 반복하기 를 아래에 연결합니다.

❸ 생김새 의 모양 보이기 와 크기를 10 만큼 바꾸기 를 반복 블록 안쪽에 연결한 후 크기를 '1'로 변경합니다.

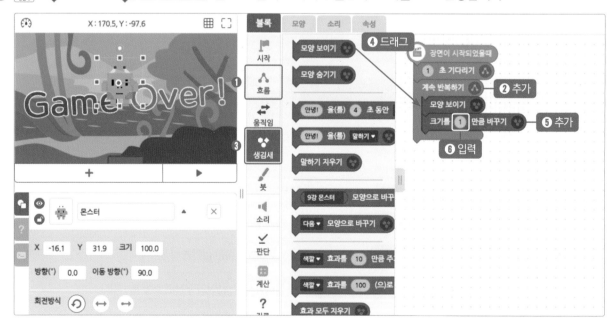

2 방방이에 닿으면 날아가기

① '몬스터'가 내려오다 '방방이'에 닿았는지 확인할 수 있도록 하기 위해 [움직임]의 [y좌표를 10 만큼 바꾸기] 와 [흐름]의 [만일 참 이라면]을 연결한 후 값을 '-1'로 변경합니다.

② [판단]의 [마우스포인터 ▼ 에 닿았는가?] 를 조건에 끼워 넣은 후 '방방이'로 변경합니다.

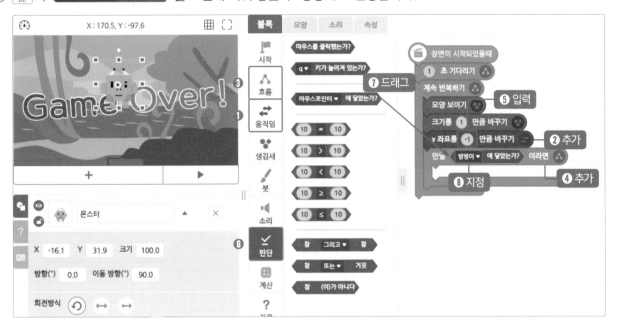

③ '몬스터'가 '방방이'에 닿으면 날아가도록 만들기 위해 [흐름]의 [2 초 기다리기] 조건 블록 안에 연결하고 초를 '0.1'로 변경한 후 [움직임]의 [2 초 동안 x: 10 y: 10 위치로 이동하기] 를 연결하고 이동 시간을 '1'초로, x 좌표를 '0'으로, y 좌표를 '150' 으로 변경합니다.

실습파일에는 '방방이' 오브젝트가 마우스포인터를 따라다니고 몬스터와 닿으면 색깔 효과를 주도록 코딩되어 있으며, '몬스터' 오브젝트가 아래쪽 벽에 닿으면 '미션실패' 신호를 보내고 모든 코드를 멈추도록 코딩되어 있습니다.

④ '몬스터'가 날아가고 화면에서 숨겨진 후 위치를 재설정하기 위해 의 와 의 를 드래그하여 조건문 안쪽에 끼워 넣고, y 좌표를 '5'로 변경합니다.

⑤ x 좌표에 의 를 끼워 넣은 후 무작위 수 값을 '-180'과 '180'으로 입력합니다.

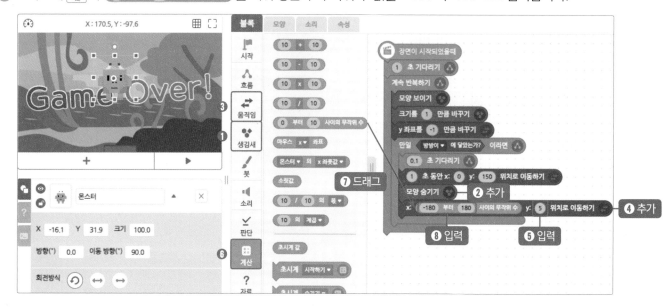

⑥ '몬스터'의 크기를 재설정하기 위해 의 를 연결하고 값을 '10'으로 변경합니다.

⑦ 코딩이 마무리되면 ▶ 버튼을 클릭하여 프로그램에 오류가 있는지 확인한 후 '몬스터 물리치기.ent'로 저장합니다.

01 무중력 상태로 '우주인' 오브젝트가 달을 걸어 다닐 수 있도록 코드를 완성해 보세요.

실습파일 : 달 걷기.ent   완성파일 : 달 걷기(완성).ent

❶ 시작하기 버튼을 클릭했을 때 ➔ ❷ ❸~❼을 계속 반복하기 ➔ ❸ y 좌표를 '-1'만큼 바꾸기 ➔ ❹ 만일 ➔ ❺ '아래쪽 벽'에 닿으면 ➔ ❻ ❼을 '100'번 반복하기 ➔ ❼ y 좌표를 '1'만큼 바꾸기

▲ 이동 전

▲ 이동 후

 힌트

실습파일에는 왼쪽과 오른쪽 화살표 키를 누르면 이동하도록 코딩되어 있습니다.

02 사람에 닿으면 '풍선' 오브젝트가 바람에 날려 다시 위쪽으로 올라가는 코드를 완성해 보세요.

실습파일 : 풍선 올리기.ent   완성파일 : 풍선 올리기(완성).ent

❶ 시작하기 버튼을 클릭했을 때 ➔ ❷ ❸~❾를 계속 반복하기 ➔ ❸ 이동 방향으로 '5'만큼 움직이기 ➔ ❹ 화면 끝에 닿으면 튕기기 ➔ ❺ 만일 ➔ ❻ '사람'에 닿으면 ➔ ❼ y 좌표를 '3'만큼 바꾸기 ➔ ❽ '-90'부터 '90' 사이의 무작위 수로 ➔ ❾ 이동 방향을 정하기

▲ 이동 전

▲ 이동 후

 힌트

실습파일에는 '사람' 오브젝트가 마우스포인터 위치로 이동하고 '풍선' 오브젝트가 아래쪽 벽에 닿으면 모든 코드가 멈추도록 코딩되어 있습니다.

하늘 섬 모델링하기

19

진솔이는 점핑 게임을 직접 만들어 보고 싶었어요. 섬이 둥둥 떠 있고 그 섬들을 점프해서 올라가는 게임이에요. 여러분이 진솔이와 함께 게임을 만들기 위해 하늘을 나는 섬을 만들어 주세요.

▸ 원을 쌓아 하늘 섬을 모델링할 수 있습니다.
▸ 하늘 섬의 모서리가 점점 작아지게 모델링할 수 있습니다.
▸ 모델링한 섬의 색상을 변경할 수 있습니다.

· **실습파일** : 하늘 섬.vox   · **완성파일** : 하늘 섬(완성).vox

이렇게 만들어요

원 기능을 이용하여 작은 섬을 모델링하고 원의 크기를 자유롭게 변경하여 하늘에 떠 있는 섬을 모델링해 보세요.

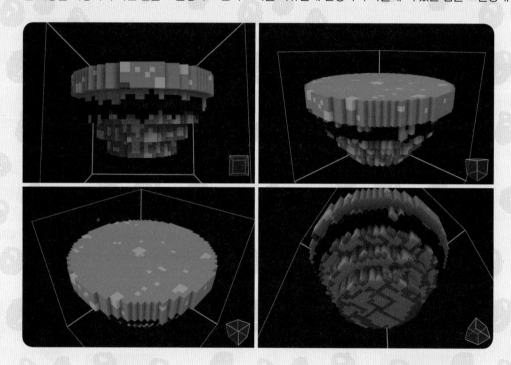

☑ 사용할 주요 기능

기능	메뉴	설명
섬 색칠하기	Brush 의 V , Paint	지정한 색으로 복셀을 색칠합니다.
섬 그리기	Brush 의 C	원형 모양의 복셀을 그립니다.
섬의 두께 만들기	Brush 의 F	작업한 사각형에 두께를 만듭니다.

하늘 섬 모델링하기

① [실습파일]-[19차시]에 있는 '하늘 섬.vox'를 열고 하늘 섬을 만들기 위해 Brush 의 C 와 Attach 를 선택한 후 Palette 의 색상을 초록색(■)으로 선택합니다.

② 작업창 위쪽에 섬의 윗면을 만들기 위해 마우스 오른쪽 버튼으로 드래그하여 윗면이 보이도록 작업창을 회전합니다.

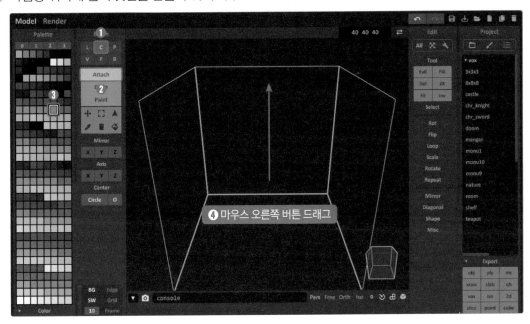

③ 작업창 위쪽의 중심부터 바깥쪽으로 드래그하여 면에 꽉 차도록 원을 만들어 봅니다.

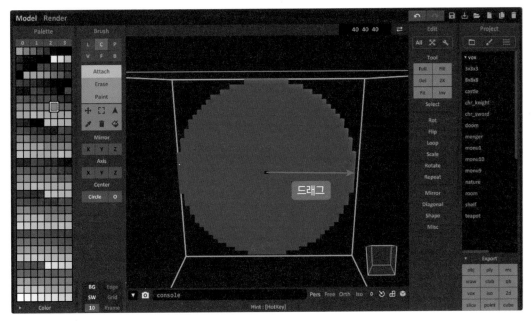

❹ 하늘 섬의 윗면을 두껍게 만들기 위해 ▇ Brush ▇의 ▇F▇를 선택하고 작업창을 마우스 오른쪽 버튼으로 드래그하여 회전한 후 원에서 드래그하여 두께를 만듭니다.

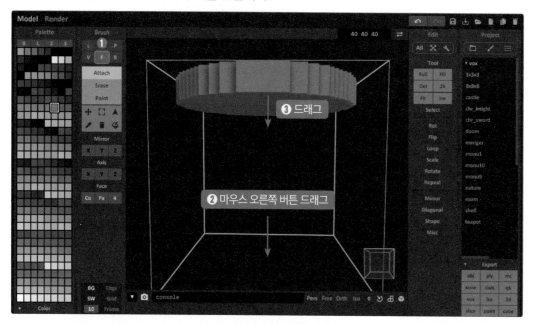

❺ 다음 면을 만들기 전에 중심을 표시하기 위해 ▇ Palette ▇의 색상을 흰색(▢)으로 선택한 후 작업창을 드래그하여 회전하고 클릭하여 뚫려있는 중심점을 블록으로 채웁니다.

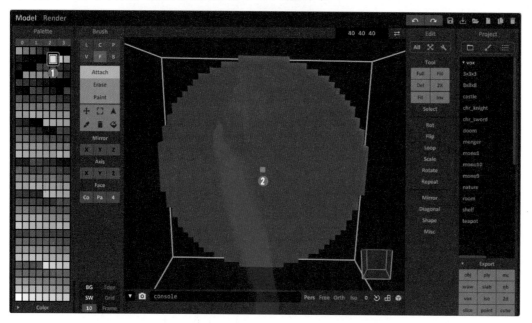

⑥ 아래쪽으로 내려갈수록 원이 작아지는 섬을 만들기 위해 **Brush** 의 **C** 를 선택하고 **Palette** 의 색상을
진한 초록색(■)을 선택한 후 원의 중심점에서 바깥쪽으로 드래그하여 작은 원 하나를 만듭니다.

⑦ 진한 초록색 원을 두껍게 만들기 위해 **Brush** 의 **F** 를 선택하고 마우스 오른쪽 버튼으로 드래그하여 작업창
을 회전시킨 후 초록색 원을 드래그하여 두께를 만듭니다.

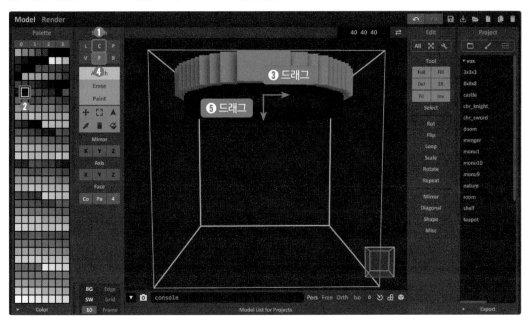

⑧ ⑥~⑦과 같은 방법으로 원을 점점 작게 만들어 섬을 완성해 봅니다.

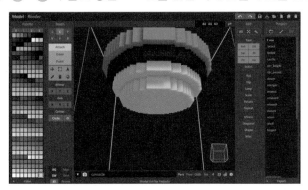
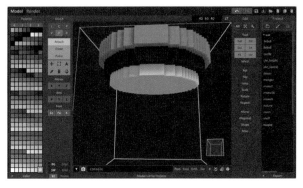

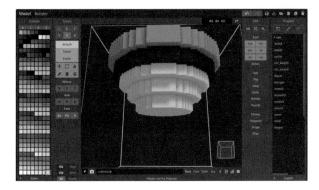

2 하늘 섬 색칠하기

❶ 하늘 섬을 색칠하기 위해 Brush 의 V 와 Paint 를 선택하고 Palette 에서 초록색 계열의 원하는
색상을 선택한 후 그림과 같이 섬의 초록색 부분을 잔디밭 같은 느낌으로 꾸며 봅니다.

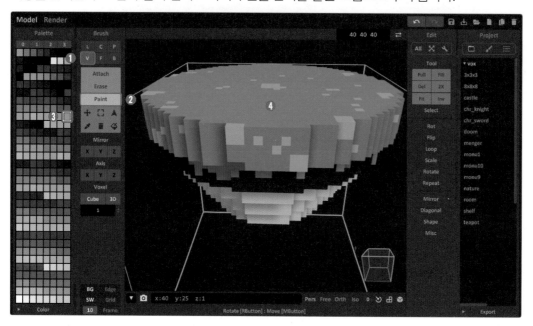

❷ 잔디의 아래쪽도 흙이 쌓여 있는 느낌으로 색을 칠해 봅니다.

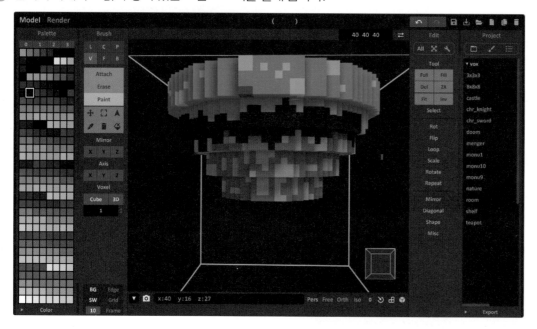

❸ 하늘 섬을 'png' 파일로 저장하기 위해 오른쪽 하단 메뉴 중 ▼ Export 에서 2d 를 클릭하고 파일
명을 "하늘 섬"으로 저장합니다.

'잔디블록'을 모델링하고 예쁘게 색칠해 보세요.

실습파일 : 잔디블록.VOX   **완성파일** : 잔디블록(완성).VOX

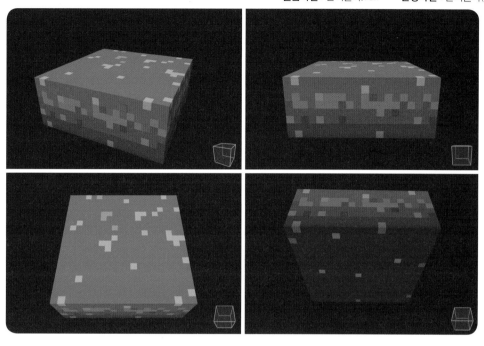

 '럭키블록'을 모델링하고 예쁘게 색칠해 보세요.

실습파일 : 럭키블록.VOX   **완성파일** : 럭키블록(완성).VOX

하늘 섬에서 내려오기

20

진솔이는 하늘에 떠 있는 섬을 이용해 점핑 게임을 만들려고 해요. 섬을 복제해서 위쪽으로 이동하게 하려 했는데 섬이 화면에 나타나지 않았어요. 여러분이 고민하고 있는 진솔이를 도와 프로그램을 완성해 주세요.

학습목표
▸ 하늘 섬이 하늘로 올라가게 할 수 있습니다.
▸ 시간이 지나면 올라가는 하늘 섬을 멈출 수 있습니다.
▸ 복제된 하늘 섬의 위치를 알려줄 수 있습니다.

· **실습파일** : 하늘섬.ent   · **완성파일** : 하늘섬(완성).ent

이렇게 코딩해요

오브젝트가 랜덤으로 복제되어 하늘 위로 올라갑니다. 오브젝트가 복제될 때 복제되는 위치를 동전에게 신호로 알려줘 동전이 섬 위에 나타나게 합니다.

✅ 사용할 주요 블록

블록 꾸러미	명령 블록	설명
판단	참 그리고 ▾ 참	두 값이 모두 참일 때 참으로 판단합니다.
	마우스를 클릭했는가?	마우스를 클릭했는지 확인합니다.
	마우스포인터 ▾ 에 닿았는가?	해당 오브젝트가 마우스포인터에 닿았는지 확인합니다.
생김새	색깔 ▾ 효과를 50 (으)로 정하기	오브젝트의 효과를 입력한 값으로 정합니다.

1 '섬' 오브젝트 위치 지정하고 복제하기

① [실습파일]-[20차시]에 있는 '하늘섬.ent'를 불러와 '섬'의 위치를 지정하고 원본 이미지는 숨기기 위해 [땅 내려가기] 장면 탭을 선택하고 '섬' 오브젝트를 선택합니다.

② [시작]의 (장면이 시작되었을때) 와 [움직임]의 (x: 0 y: 0 위치로 이동하기)를 연결한 후 y 좌표를 '-200'으로 입력합니다. [생김새]의 (모양 숨기기)를 드래그하여 연결합니다.

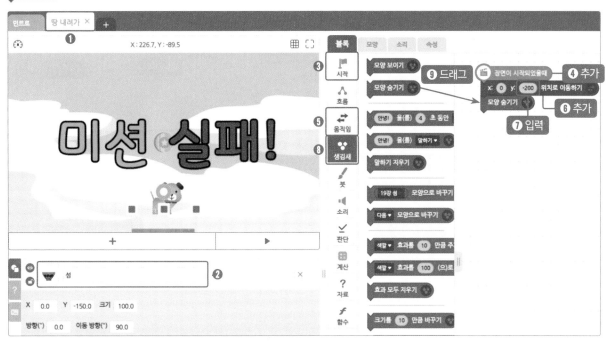

③ '섬' 오브젝트를 '2'초 간격으로 복제하기 위해 [흐름]의 (계속 반복하기)를 아래에 연결한 후 (자신▼ 의 복제본 만들기)와 (2 초 기다리기)를 반복 블록 안쪽에 연결합니다.

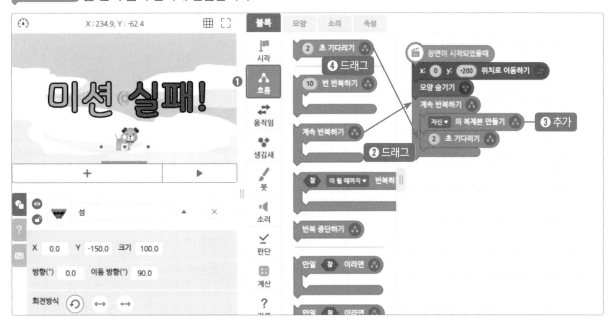

④ 복제되는 '섬'의 위치를 설정하기 위해 [움직임]의 x: 0 y: 0 위치로 이동하기 를 반복 블록 안쪽에 연결하고 [계산]의 0 부터 10 사이의 무작위 수 를 x 좌푯값에 끼워 넣은 후 값을 '-180'과 '180'으로 입력하고 y 좌표는 '-200'으로 지정합니다.

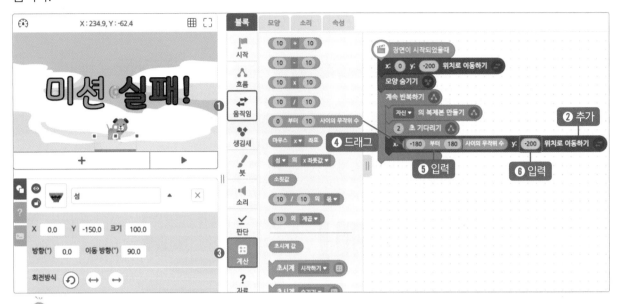

실습파일에서는 인트로 장면이 시작되고, 버튼을 누르면 게임 장면이 시작되며, 화살표 키를 누르면 '강아지'가 이동하면서 섬에 닿으면 '강아지'가 섬에 올라가 함께 이동되도록 코딩이 되어 있습니다. 또 땅에 닿기 전에 강아지가 떨어지면 '미션 실패', 섬을 이동해 땅으로 내려오면 '미션 성공' 글자를 표시합니다.

2 '섬' 위치에 동전 표시할 신호 보내기

❶ '섬' 오브젝트가 복제되면 화면에 보이도록 하기 위해 [흐름]의 복제본이 처음 생성되었을때 와 [생김새]의 모양 보이기 를 드래그하여 연결합니다.

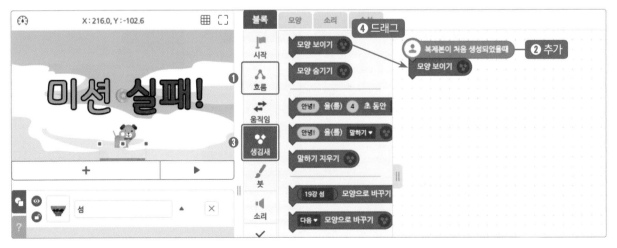

❷ '섬'이 나타날 때 임의로 동전이 나타나도록 하기 위해 🔺(흐름)의 만일 참 이라면을 드래그하여 연결한 후 ✓(판단)의 ⟨10 = 10⟩를 조건에 끼워 넣습니다.

❸ 비교문 첫 번째 입력란에 ▦(계산)의 ⟨0 부터 10 사이의 무작위 수⟩를 끼워 넣고 값을 '1'과 '2'로 입력한 후 비교문 두 번째 입력란에 '1'을 입력합니다.

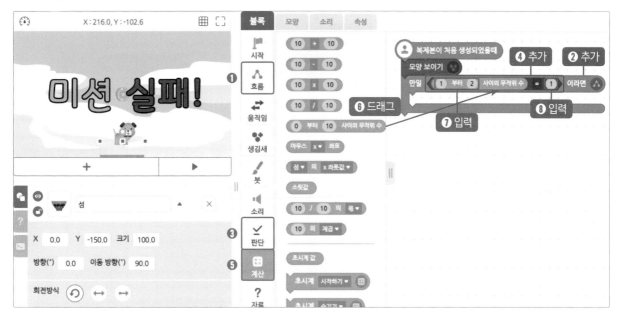

❹ '동전' 오브젝트에 '섬'의 위치를 알려주기 위해 ?(자료)의 x좌표▼ 를 10 (으)로 정하기를 조건 블록 안에 연결하고 변수명을 'x좌표'로 변경한 후 값에 ▦(계산)의 시작버튼▼ 의 x 좌푯값▼을 끼워 넣고, 이름을 '자신'으로 지정합니다.

❺ ▶(시작)의 미션실패▼ 신호 보내기를 아래에 연결하고 신호를 '동전지급'으로 변경합니다.

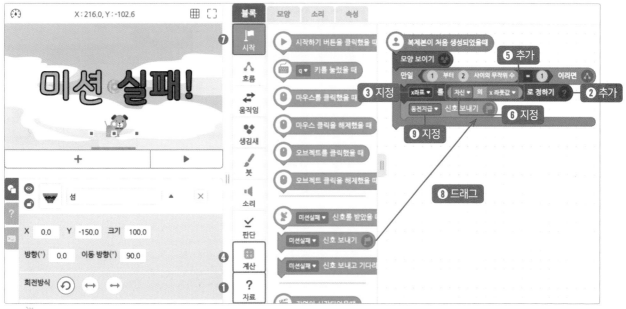

 복제본이 만들어지면 모양을 보이게 하고 1과 2 임의의 값 중 만약 1이면 'x좌표' 변숫값을 자신의 x 좌푯값으로 정한 후 '동전지급' 신호를 보냅니다.

3 '섬' 위치 아래로 이동하기

❶ '섬'이 위쪽 벽에 닿을 때까지 올라갈 수 있도록 하기 위해 [흐름]의 ██████████████ 를 조건 블록 아래에 연결한 후 [판단]의 ██████████████ 를 조건에 끼워 넣고 대상을 '위쪽 벽'으로 지정합니다.

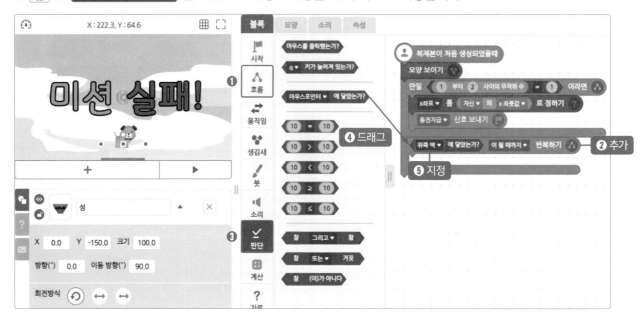

❷ [움직임]의 ██████████████ 를 조건 블록 안쪽에 끼워 넣고 값을 '1'로 변경한 후 [흐름]의 ██████████████ 를 조건 블록 아래에 연결합니다.

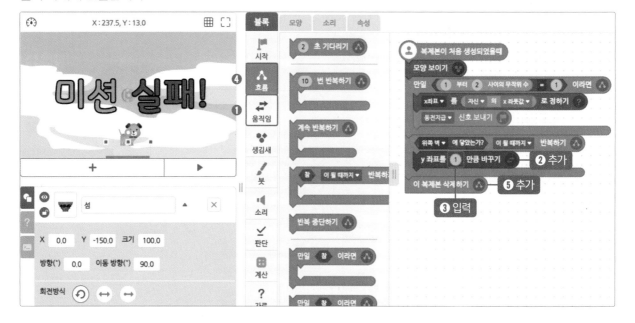

❸ 코딩이 마무리되면 ▶ 버튼을 클릭하여 게임을 진행해보고 오류가 있는지 확인한 후 '하늘섬.ent'로 저장합니다.

01 하늘에서 구름이 지나가면서 '음식' 오브젝트를 아래쪽으로 하나씩 던지는 모습이 표현되도록 코드를 완성해 보세요.

실습파일 : 하늘에서 음식이 내린다면.ent   완성파일 : 하늘에서 음식이 내린다면(완성).ent

❶ 시작하기 버튼을 클릭했을 때 ➡ ❷ ❸~❼을 계속 반복하기 ➡ ❸ 크기를 '10'으로 정하기 ➡ ❹ '1'부터 '3' 사이의 무작위 수 ➡ ❺ 초 기다리기 ➡ ❻ 다음 모양으로 바꾸기 ➡ ❼ 자신의 복제본 만들기 ➡ ❽ 복제본이 처음 생성되었을 때 ➡ ❾ 크기를 '50'으로 정하기 ➡ ❿ 아래쪽 벽에 닿을 때까지 ➡ ⓫ ⓬를 반복하기 ➡ ⓬ y 좌표를 '-1'만큼 바꾸기

▲ 복제 전

▲ 복제 후

02 산타가 '선물상자' 오브젝트를 던지면 점점 작아지면서 위쪽으로 이동할 수 있도록 코드를 완성해 보세요.

실습파일 : 산타가 던진 선물 받기.ent   완성파일 : 산타가 던진 선물 받기(완성).ent

❶ 복제본이 처음 생성되었을 때 ➡ ❷ '산타' 위치로 이동하기 ➡ ❸ 크기를 '50'으로 정하기 ➡ ❹ 모양 보이기 ➡ ❺ 위쪽 벽에 닿을 때까지 ➡ ❻ ❼~❽을 반복하기 ➡ ❼ y 좌표를 '1'만큼 바꾸기 ➡ ❽ 크기를 '-0.1'만큼 바꾸기 ➡ ❾ 모든 코드를 멈추기

▲ 복제 전   ▲ 복제 후

힌트

실습파일에는 '루돌프'가 마우스포인터를 따라다니고, '산타'가 좌우로 움직이며, '선물상자'가 '1'부터 '3' 사이의 초를 기다리고 복제본을 만들도록 코딩되어 있습니다.

우주에 떠 있는 행성 모델링하기

21

우주를 여행하는 영화를 보던 민수는 행성을 3D 모양으로 모델링하여 만들고 싶었어요. 여러분이 민수를 도와 다양한 색의 행성과 행성의 띠를 만들어 주세요.

학습목표
▹ 동그란 행성을 모델링할 수 있습니다.
▹ 행성의 색상을 다양하게 변경할 수 있습니다.
▹ 단면 원과 구를 사용할 수 있습니다.

· **실습파일** : 행성.vox   · **완성파일** : 행성(완성).vox

이렇게 만들어요

원의 단면과 복셀의 구를 이용하여 원형 모양의 행성을 만들어 행성의 색상을 변경하고, 행성의 띠를 만들어 보세요.

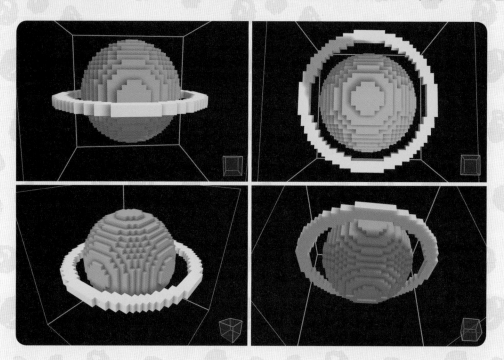

✔ 사용할 주요 기능

기능	메뉴	설명
구 만들기	Voxel 의 Sphere	드래그하여 구 모양으로 그립니다.
복셀 삭제하기	Brush 의 F 와 Erase	클릭한 복셀과 같은 색의 복셀을 삭제합니다.
복셀 이동하기	Brush 의 ✛	선택한 복셀을 드래그하여 이동시킵니다.

동그란 행성 모델링하기

① [실습파일]-[21차시]에 있는 '행성.vox'를 불러와 행성을 만들기 위해 **Brush** 의 **B** 와 **Attach** 를 선택한 후 **Palette** 의 색상을 민트색(▣)으로 선택합니다.

② 작업창의 바닥을 클릭하여 행성의 중심축을 만듭니다.

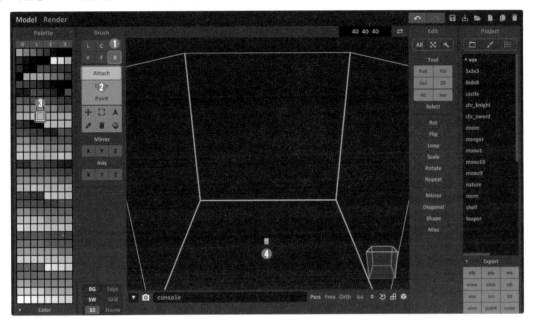

③ '행성'의 중심축을 작업창 중간으로 이동하기 위해 **Brush** 의 ✚ 을 선택한 후 중심축을 위쪽으로 드래그하여 위로 이동합니다.

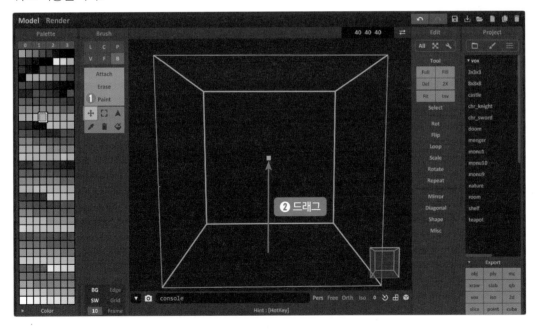

④ 블록을 이용하여 행성을 만들기 위해 　Brush　의 　V　와 　Attach　를 선택하고 　Voxel　의 모양을 　Sphere　로 선택하여 모양을 사각에서 구로 변경합니다.

⑤ 블록의 크기를 '1'에서 '25'로 변경한 후 '행성'을 만들기 위해 작업창 중간에 떠 있는 중심축을 클릭하여 행성을 만듭니다.

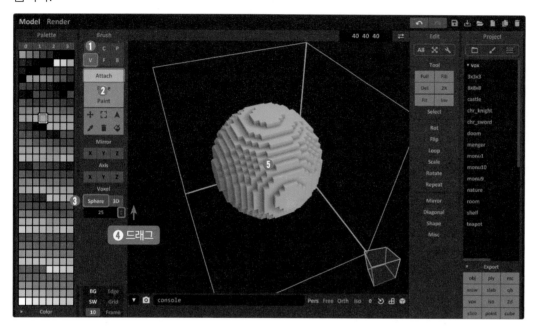

② 행성 띠 모델링하기

① '행성의 띠'를 만들기 위해 　Brush　의 　C　를 선택하고 　Palette　의 색상을 노란색(□)으로 선택합니다.

② 작업창의 중심에서 바깥쪽으로 드래그하여 큰 원을 하나 만듭니다.

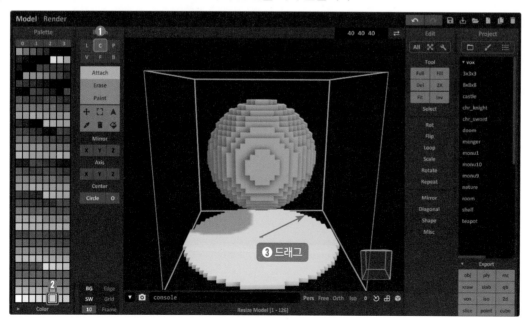

③ '원'을 띠 모양으로 만들기 위해 ▨ Palette ▨ 의 색상을 흰색(▢)으로 선택한 후 '원'의 중심을 클릭하여 블록을 채워 넣습니다.

④ ▨ Brush ▨ 의 ▨ C ▨ 와 ▨ Paint ▨ 를 선택하고 '원'의 중심에서 바깥쪽으로 드래그하여 작은 원 하나를 만듭니다.

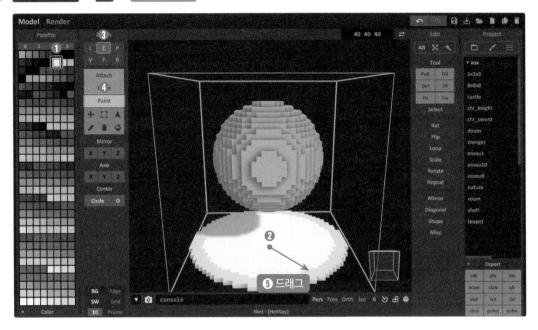

⑤ 안에 있는 흰색 원을 지우기 위해 ▨ Brush ▨ 의 ▨ F ▨ 와 ▨ Erase ▨ 를 선택한 후 흰색 면을 클릭합니다.

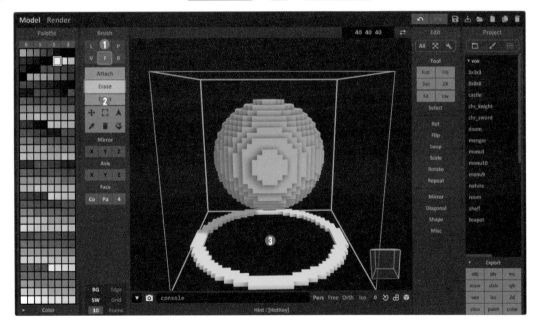

❻ '띠'를 두껍게 만들기 위해 <kbd>Palette</kbd>의 색상을 노란색(⬜)으로 선택하고 <kbd>Brush</kbd>의 <kbd>Attach</kbd>를 선택한 후 노란색 띠를 클릭하여 띠의 두께를 만듭니다.

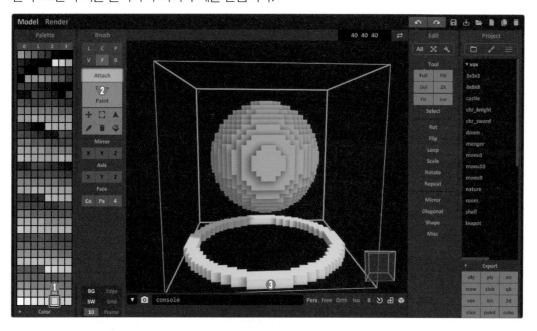

❼ '노란색 띠'를 영역으로 지정하기 위해 <kbd>Brush</kbd>의 ▲을 선택하여 '노란색 띠'를 클릭합니다.

❽ '행성'의 중간 위치로 이동하기 위해 <kbd>Brush</kbd>의 ✛를 선택하고 '띠'를 위쪽으로 드래그합니다.

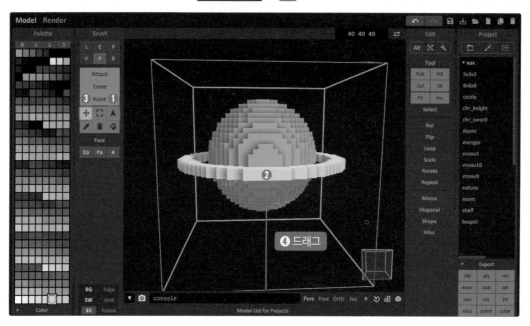

❾ 행성을 'png' 파일로 저장하기 위해 오른쪽 하단 메뉴 중 <kbd>▼ Export</kbd>에서 <kbd>2d</kbd>를 클릭하여 파일명을 "행성"으로 저장합니다.

혼자서 미션 해결하기

01 '버섯집'을 모델링하고 예쁘게 색칠해 보세요.

실습파일 : 버섯집.vox　　완성파일 : 버섯집(완성).vox

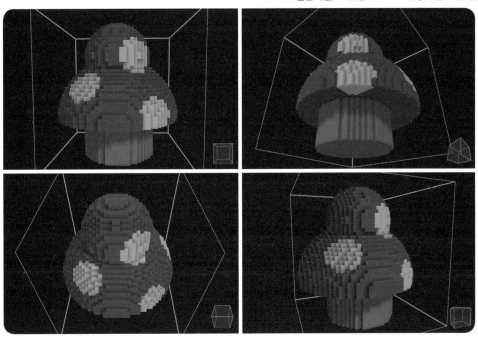

02 '포켓몬볼'을 모델링하고 예쁘게 색칠해 보세요.

실습파일 : 포켓몬볼.vox　　완성파일 : 포켓몬볼(완성).vox

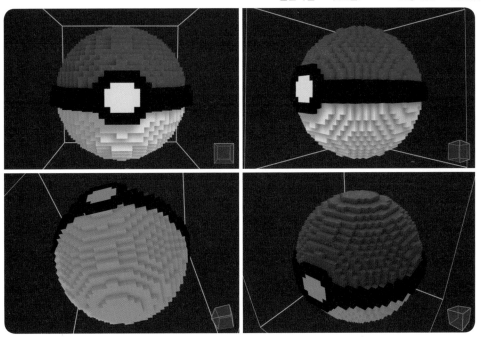

날아오는 행성 제거하기

22

민수는 우주여행 영화를 보면서 위험하게 날아오는 행성을 없앴으면 좋겠다고 생각했어요. 그래서 우주선에 무기를 달게 되었죠. 하지만 아무리 버튼을 눌러도 총이 발사되지 않았어요. 위험에 빠진 민수가 우주여행을 잘 마칠 수 있도록 도와주세요.

학습목표
▹ 다양한 행성을 불러 올 수 있습니다.
▹ 지나가는 행성을 만들 수 있습니다.
▹ 행성을 파괴할 수 있습니다.

· 실습파일 : 행성 제거.ent   · 완성파일 : 행성 제거(완성).ent

이렇게 코딩해요

'행성' 오브젝트가 '총알' 오브젝트에 닿으면 터진 모양을 표현하고 오브젝트를 총알로 제거하면 제거 횟수를 1씩 증가시키도록 코드를 만들어 보세요.

☑ 사용할 주요 블록

블록 꾸러미	명령 블록	설명
판단	총알 ▼ 에 닿았는가?	해당 오브젝트가 다른 오브젝트에 닿았는지 확인합니다.
생김새	크기를 100 (으)로 정하기	오브젝트의 크기를 입력한 값으로 정합니다.
생김새	폭탄_터진 모양으로 바꾸기	오브젝트의 모양을 선택한 모양으로 바꿉니다.
? 자료	제거횟수 ▼ 에 1 만큼 더하기	선택한 변수에 입력한 값을 더합니다.

'행성' 오브젝트 위치 지정하기

① [실습파일]-[22차시]에 있는 '행성 제거.ent'를 열고 '행성'이 복제되면 화면에 '행성'이 보이도록 하기 위해 [행성 제거 시작] 장면 탭을 선택하고 '행성' 오브젝트를 선택합니다.

② △룸 의 🙂복제본이 처음 생성되었을때 와 👻생김새 의 🟣모양 보이기 🟣를 드래그하여 연결합니다.

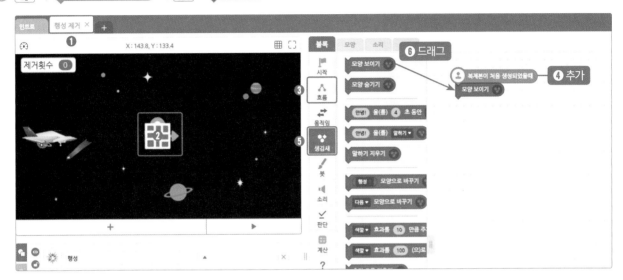

③ 복제된 '행성'의 위치를 지정하기 위해 🔁 의 🟢x: 0 y: 0 위치로 이동하기 를 연결하고 x 좌표를 '300'으로, y 좌표에는 🟦계산 의 🟢0 부터 10 사이의 무작위 수 를 끼워 넣은 후 값을 '-100'과 '100'으로 입력합니다.

실습파일에는 '비행기'가 마우스포인터를 따라다니고 '총알'이 비행기 위치로 이동하여 오른쪽으로 이동하도록 코드가 작성되어 있습니다. 또 '행성'은 모양을 숨기고 복제본을 만든 후 임의의 색깔 효과를 적용하고 임의의 초를 기다렸다가 다시 복제본을 만들도록 코딩되어 있습니다.

2 '행성' 오브젝트 이동하기

❶ 복제된 '행성'이 왼쪽에 닿았는지 확인하기 위해 [흐름] 의 [참 이 될 때까지▼ 반복하기] 를 아래쪽에 연결한 후 [판단] 의
[마우스포인터▼ 에 닿았는가?] 를 조건에 끼워 넣고 대상을 '왼쪽 벽'으로 지정합니다.

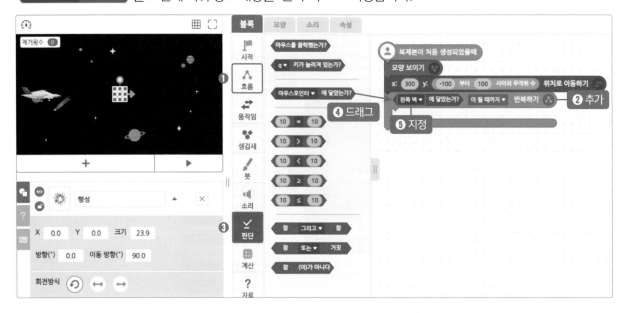

❷ 복제된 '행성'이 왼쪽으로 날아가도록 하기 위해 [움직임] 의 [x 좌표를 10 만큼 바꾸기] 를 조건 블록 안쪽에 연결한 후 x 좌표에
[계산] 의 [0 부터 10 사이의 무작위 수] 를 끼워 넣고 값에 '-1'과 '-5'를 입력합니다.

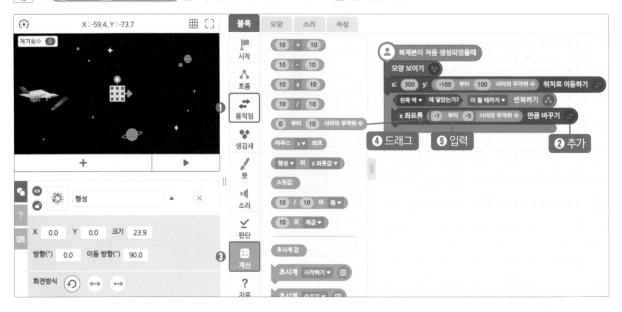

3 '총알'과 충돌하면 모양 변경하기

① 왼쪽으로 이동하다가 '총알'에 닿았는지 확인하기 위해 [흐름]의 [만일 참 이라면]을 조건 블록 안쪽에 연결한 후 [판단]의 [마우스포인터 ▼ 에 닿았는가?]를 조건에 끼워 넣고 대상을 '총알'로 지정합니다.

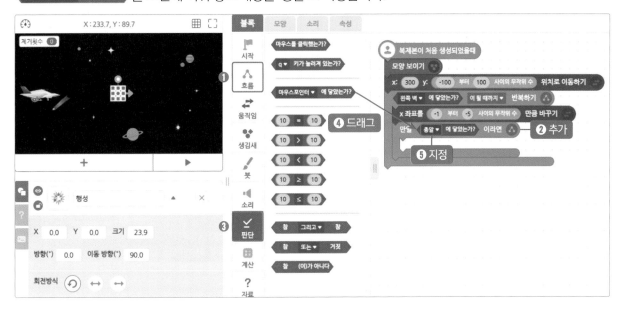

② '총알'에 닿으면 터진 모습을 표현하기 위해 [생김새]의 [효과 모두 지우기]와 [행성제거 시작 모양으로 바꾸기]와 [크기를 100 (으)로 정하기]를 조건 블록 안쪽에 차례대로 연결한 후 모양을 '폭탄_터진'으로 변경합니다.

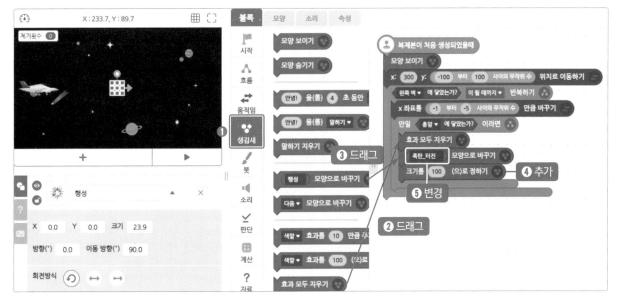

4 변수 값 바꾸고 미션실패 신호 보내기

① 복제된 '행성'이 터지면 제거횟수를 증가시키기 위해 [?자료] 의 [제거횟수▼ 에 10 만큼 더하기] 를 연결하고 변수 값을 '1'로 변경한 후 [흐름] 의 [2 초 기다리기] 와 [이 복제본 삭제하기] 를 차례대로 연결하고 초를 '0.1'로 변경합니다.

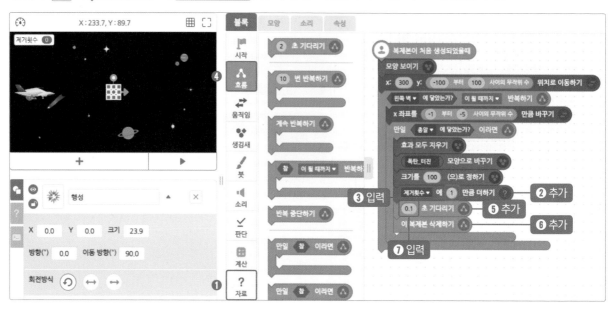

② '행성'이 왼쪽 벽까지 이동하면 폭발하는 모양으로 바꾸고 신호를 보내도록 먼저 [생김새] 의 [행성제거 시작 모양으로 바꾸기] 와 [크기를 100 (으)로 정하기] 를 반복 블록 아래쪽에 차례대로 연결하고 모양을 '폭탄_터진'으로 변경합니다.

③ [시작] 의 [미션실패▼ 신호 보내기] 를 연결하고 신호를 '미션실패'로 변경합니다. 코딩이 마무리되면 ▶ 버튼을 클릭하여 게임을 진행해 프로그램에 오류가 있는지 확인한 후 '행성 제거.ent'로 저장합니다.

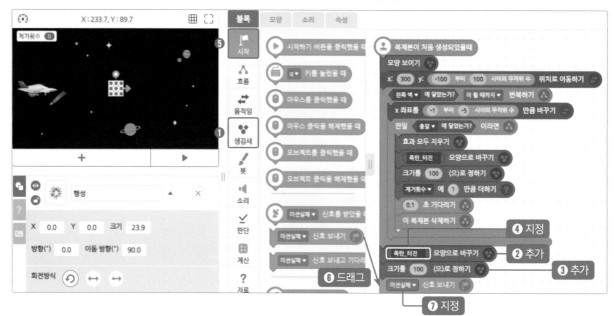

01 하늘에서 떨어지는 '동전' 오브젝트를 가방이 받으면 '용돈'이 계산되는 코드를 완성해 보세요.

실습파일 : 용돈 계산하기.ent　　　완성파일 : 용돈 계산하기(완성).ent

① 복제본이 처음 생성되었을 때 ➜ ② 책가방에 닿았는가? ➜ ③ 때까지 기다리기 ➜ ④ 만일 ➜ ⑤ '동전'의 '모양 번호'가 ➜ ⑥ 1과 같으면 ➜ ⑦ '용돈' 변수에 '100'만큼 더하고 ➜ ⑧ 이 복제본을 삭제하기 ➜ ⑨ 아니면 ➜ ⑩ '용돈' 변수에 '500'만큼 더하고 ➜ ⑪ 이 복제본을 삭제하기

▲ 용돈 계산 전　　　　　　　　　　　　　　　▲ 용돈 계산 후

 힌트

　실습파일에는 '아이'는 마우스포인터 위치로 계속 이동하고 '가방'은 '아이' 위치로 계속 이동하도록 코딩되어 있습니다. 또 '동전'은 '1'과 '2' 중 임의의 수 모양으로 변경하고 복제본을 만든 후 임의의 위치에서 아래로 이동하도록 코딩되어 있습니다.

02 바닥에 기어 다니는 '거미' 오브젝트를 클릭하여 잡은 개수를 '거미 잡은 수' 변수에 더하는 코드를 완성해 보세요.

실습파일 : 거미 잡기.ent　　　완성파일 : 거미 잡기(완성).ent

① 복제본이 처음 생성되었을 때 ➜ ② 마우스를 클릭했는가? ➜ ③ 그리고 ➜ ④ 마우스에 닿았는가 ➜ ⑤ 모두 만족할 때까지 ⑥~⑦을 반복하기 ➜ ⑥ 이동 방향으로 '5'만큼 움직이기 ➜ ⑦ 화면 끝에 닿으면 튕기기 ➜ ⑧ '거미 잡은 수'에 '1'만큼 더하기 ➜ ⑨ '0.1'초 기다리기 ➜ ⑩ 이 복제본을 삭제하기

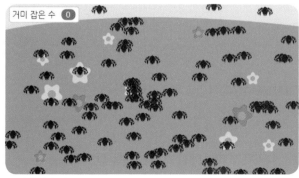

▲ 거미 잡기 전　　　　　　　　　　　　　　　▲ 거미 잡은 후

바다 위 나무 한 그루 모델링하기

진수는 식목일이 나무를 심는 날인 것을 알게 되었어요. 직접 나무를 심으러 가지는 못하지만 바다 위에 떠 있는 섬에 나무 한 그루를 심고 싶었어요. 여러분이 진수가 나무를 심을 수 있게 섬과 나무를 만들어 주세요.

학습 목표
▹ 바다를 모델링할 수 있습니다.
▹ 바다 위의 섬에서 자라난 나무 한 그루를 모델링할 수 있습니다.
▹ 나무의 색상을 변경할 수 있습니다.

· **실습파일** : 나무 한그루.vox   · **완성파일** : 나무 한그루(완성).vox

이렇게 만들어요

블록 추가 기능을 이용하여 간단하게 바다를 표현하고 원을 이용하여 작은 섬과 나무를 표현해 식목일의 의미를 생각하게 해주세요.

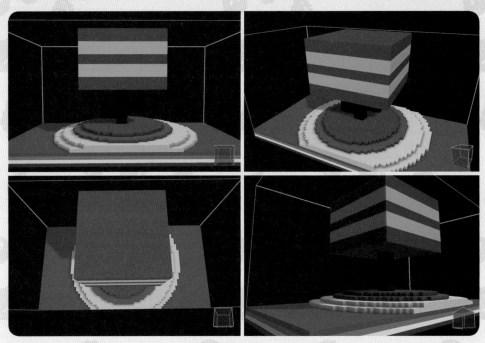

✅ 사용할 주요 기능

기능	메뉴	설명
바다 그리기	Brush 의 F	지정한 색으로 작업창의 면을 채웁니다.
섬 그리기	Brush 의 C	원형 모양의 복셀을 그립니다.
나무 그리기	Brush 의 B	클릭하거나 드래그하여 사각형 모양의 복셀을 그립니다.

파란 바다 모델링하기

❶ [실습파일]-[23차시]에 있는 '나무 한그루.vox'를 열고 바다를 만들기 위해 `Brush` 의 `F` 와 `Attach` 를
선택한 후 `Palette` 의 색상을 진한 파란색(■)으로 선택합니다.

❷ 작업창 바닥을 클릭하여 진한 파란색의 블록을 채웁니다.

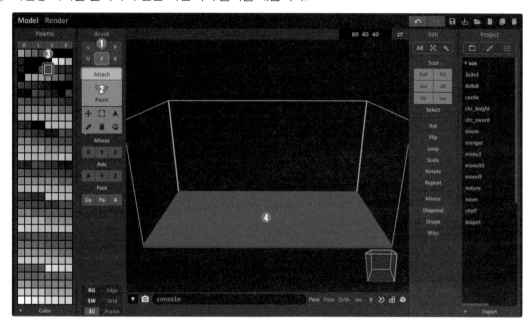

❸ ❶~❷와 같은 방법으로 흰색, 하늘색, 파란색 순으로 색상을 변경하여 블록을 쌓아 바다를 만들어 봅니다.

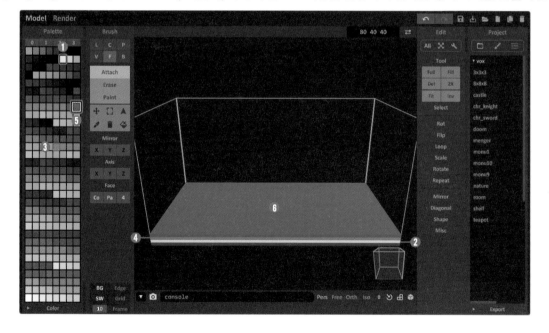

바다 위 섬 모델링하기

❶ 바다 위의 '섬'을 만들기 위해 **Brush** 의 **C** 를 선택하고 **Palette** 의 색상을 살구색(⬜)으로 선택한 후 '바다' 중앙에서 바깥쪽으로 드래그하여 섬의 해변가를 만듭니다.

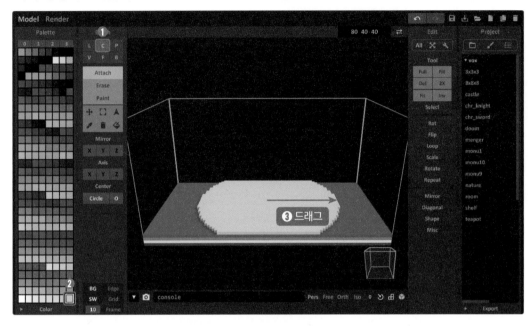

❷ 층이 있는 '해변'을 만들기 위해 중간에 뚫려 있는 부분을 클릭하여 블록을 채웁니다.

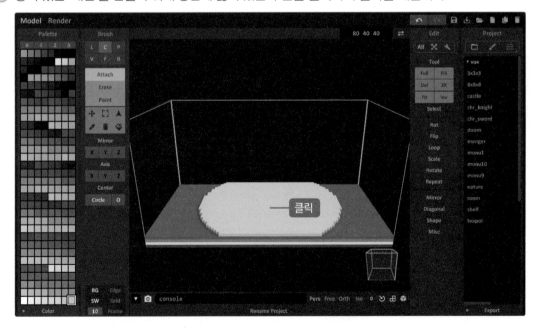

③ ❶~❷와 같은 방법으로 해변가 층을 하나 더 만든 후 [Palette]에서 색상을 '갈색'과 '초록색'을 선택하여 모래밭과 잔디밭을 표현해봅니다.

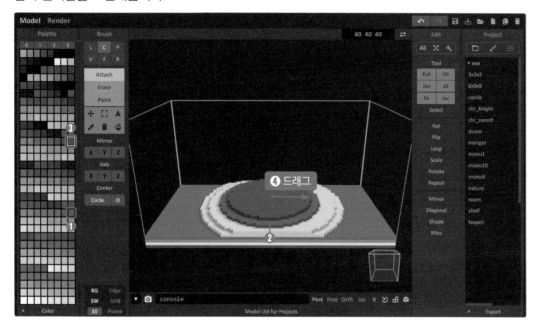

3 나무 모델링하기

❶ 나무 기둥을 만들기 위해 [Brush]의 B 를 선택하고 [Palette]의 색상을 갈색(■)으로 선택한 후 기둥을 만들기 위해 드래그하여 면을 하나 추가합니다.

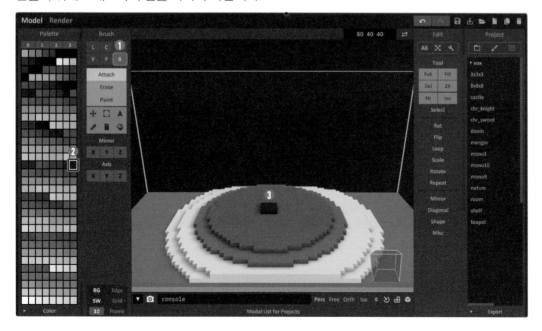

❷ 기둥을 세우기 위해 **Brush** 의 **F** 를 선택하고 드래그하여 기둥을 세웁니다.

❸ 나뭇가지를 만들기 위해 **Brush** 의 **B** 를 선택하여 가지가 만들어질 면을 추가한 후 나뭇가지를 늘리기 위해 **Brush** 의 **F** 를 선택한 후 드래그하여 가지를 완성해 봅니다.

❹ 같은 방법으로 나뭇가지가 꺾어진 모습을 표현해 봅니다.

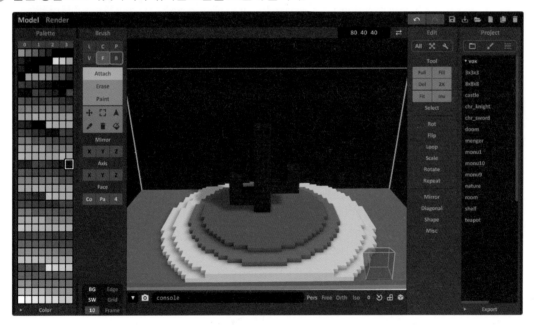

⑤ 나뭇잎을 표현하기 위해 [Brush]의 [B]를 선택하고 [Palette]의 색상을 초록색(▣)으로 선택한 후 작업 창 윗면에 나뭇잎을 그립니다.

⑥ 나뭇잎을 두껍게 표현하기 위해 [Brush]의 [F]를 선택한 후 드래그하여 '나뭇잎'을 풍성하게 만들어 봅니다.

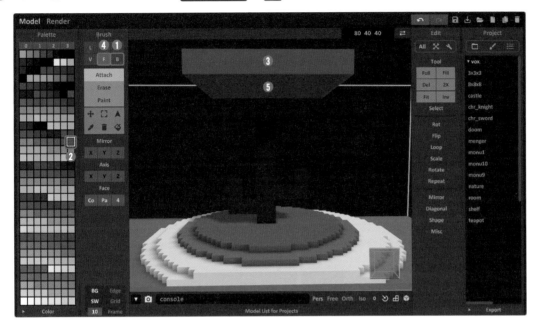

⑦ [Palette]의 색상을 연한 녹색(▣)으로 선택한 후 클릭하여 나뭇잎을 추가합니다.

⑧ 같은 방법으로 나뭇잎을 쌓아 봅니다.

⑨ 나무를 'png' 파일로 저장하기 위해 오른쪽 하단 메뉴 중 [▼ Export]에서 [2d]를 클릭하여 파일명 을 "나무"로 저장합니다.

01 '무인도'를 모델링하고 예쁘게 색칠해 보세요.

실습파일 : 무인도.vox　　　완성파일 : 무인도(완성).vox

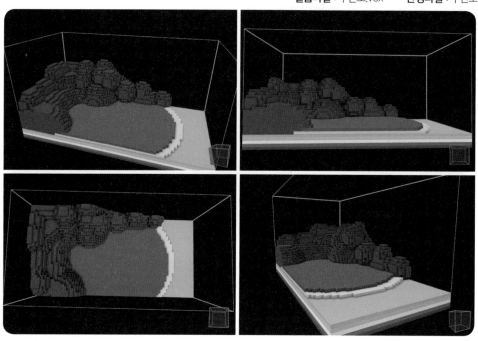

02 '크리스마스트리'를 모델링하고 예쁘게 색칠해 보세요.

실습파일 : 크리스마스트리.vox　　　완성파일 : 크리스마스트리(완성).vox

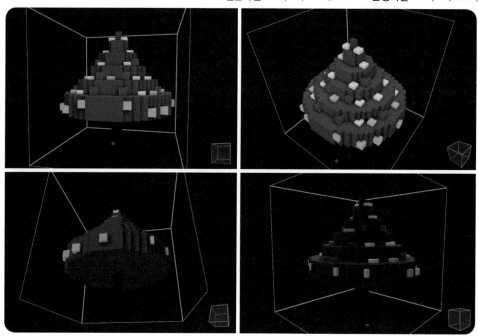

24 사과 수확하기

과수원에서 사과를 수확하는 모습을 지켜보던 진수는 자기도 사과를 따보고 싶었어요. 여러분이 진수가 사과를 수확해 볼 수 있도록 도와주세요.

학습목표
- 나무에서 사과가 열리게 할 수 있습니다.
- 초록색 사과를 일정시간이 지나면 빨간색 사과로 바꿀 수 있습니다.
- 빨간색 사과는 '1'초가 지나면 바닥으로 떨어지게 할 수 있습니다.

· **실습파일** : 사과 수확.ent   · **완성파일** : 사과 수확(완성).ent

이렇게 코딩해요

시간별로 사과의 크기를 크게 변경하고 일정시간이 지나면 초록색 사과가 빨간색 사과로 바뀌면서 아래쪽으로 떨어지도록 코드를 완성해 보세요.

✅ 사용할 주요 블록

블록 꾸러미	명령 블록	설명
생김새	사과2 모양으로 바꾸기	오브젝트의 모양을 선택한 모양으로 바꿉니다.
	안녕! 을(를) 4 초 동안 말하기 ▼	오브젝트가 입력한 텍스트를 지정한 초만큼 말하게 합니다.
	크기를 1 만큼 바꾸기	오브젝트의 크기를 입력한 값만큼 바꿉니다.
움직임	y 좌표를 -1 만큼 바꾸기	오브젝트를 위나 아래로 이동시킵니다.

'사과' 오브젝트 위치와 모양 변경하기

❶ [실습파일]-[24차시]에 있는 '사과 수확.ent'를 열고 복제된 '사과'의 위치를 임의의 위치로 지정하기 위해 [사과 수확하기] 장면 탭을 선택하고 '사과' 오브젝트를 선택합니다.

❷ ⌃ 의 (복제본이 처음 생성되었을때) 와 ⇄ 의 x: 0 y: 0 위치로 이동하기 를 연결합니다.

❸ ▦ 의 (0 부터 10 사이의 무작위 수) 를 좌푯값에 각각 끼워 넣고 x는 '-55'부터 '50'으로, y는 '-7'에서 '83'으로 입력합니다.

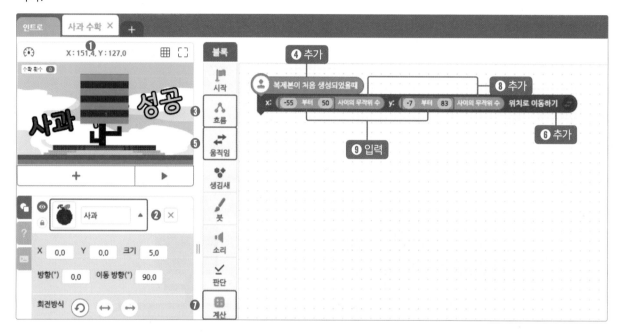

❹ 복제된 '사과'의 모양을 변경하고 화면에 보이도록 하기 위해 ❖ 의 사과01 모양으로 바꾸기 와 모양 보이기 를 차례대로 연결한 후 모양을 '사과2'로 변경합니다.

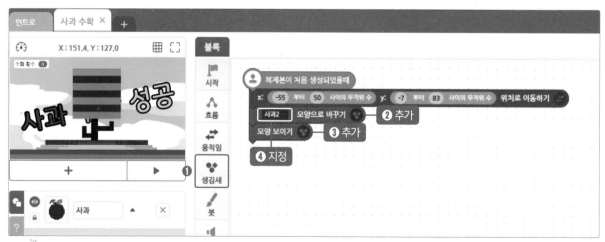

 실습파일에는 인트로 장면을 실행하고 버튼을 클릭하면 다음 장면이 시작됩니다. 임의의 초를 기다린 후 사과가 나무에 열리고 마우스를 클릭하면 '수확 횟수' 변수에 1을 더하는 코드가 추가되어 있습니다.

2 '사과' 크기와 모양 바꾸기

① 복제된 '사과'의 크기를 크게 만들기 위해 [호름] 의 [10 번 반복하기 △] 를 아래쪽에 연결한 후 반복횟수를 '15'로 입력합니다.

② [생김새] 의 [크기를 10 만큼 바꾸기 ♥] 를 반복 블록 안에 연결한 후 값은 '1'로 입력합니다.

③ 사과가 익은 것 같은 느낌을 표현하기 위해 [호름] 의 [2 초 기다리기 △] 와 [생김새] 의 [사과01 모양으로 바꾸기 ♥] 를 아래쪽에 연결한 후 모양을 '사과01'로 지정합니다.

❶ '사과'를 수확할 때가 되면 메시지를 말하기 위해 [호름]의 [2 초 기다리기 △]와 [생김새]의 [안녕! 을(를) 4 초 동안 말하기 ▼]를 아래쪽에 연결한 후 말을 "수확하세요!"로, 초를 '1'로 입력합니다.

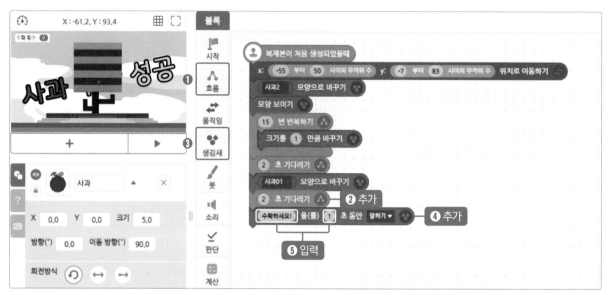

❷ 복제된 '사과'가 아래쪽으로 떨어지도록 하기 위해 [호름]의 [이 될 때까지 ▼ 반복하기 △]를 아래쪽에 연결하고 [판단]의 [마우스포인터 ▼ 에 닿았는가?]를 조건 끼워 넣은 후 대상을 '아래쪽 벽'으로 지정합니다.

❸ [움직임]의 [y좌표를 10 만큼 바꾸기]를 조건 블록 안쪽에 연결한 후 값은 '-1'로 입력합니다.

④ '사과'가 아래쪽에 떨어지면 '미션실패' 신호를 보내기 위해 [시작]의 [대상없음▼ 신호 보내기]를 아래쪽에 연결한 후 신호를 '미션실패'로 변경합니다.

⑤ 코딩이 마무리되면 ▶ 버튼을 클릭하여 게임을 진행해 확인한 후 파일이름을 '사과 수확.ent'로 저장합니다.

01 '비행기' 오브젝트가 오른쪽 끝에서 왼쪽으로 나아갈 때 멀리 날아가는 모습이 표현되도록 코드를 완성해 보세요.

실습파일 : 비행기 멀리 날아가기.ent   완성파일 : 비행기 멀리 날아가기(완성).ent

❶ 시작하기 버튼을 클릭하면 ➜ ❷❸을 계속 반복하기 ➜ ❸ 이동 방향으로 '5'만큼 움직이기 ➜ ❹ 시작하기 버튼을 클릭했을 때 ➜ ❺ ❻~❼을 계속 반복하기 ➜ ❻ 크기를 '-5'만큼 바꾸기 ➜ ❼ 0.1초 기다리기

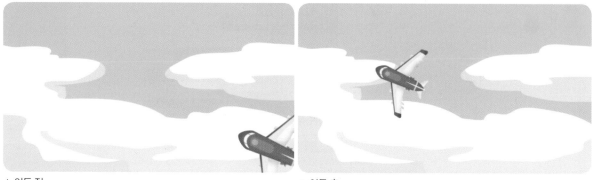

▲ 이동 전   ▲ 이동 후

02 마우스를 클릭하면 폭죽이 터져 '폭죽 내용물' 오브젝트가 날아갈 수 있도록 코드를 완성해 보세요.

실습파일 : 폭죽 터트리기.ent   완성파일 : 폭죽 터트리기(완성).ent

❶ 복제본이 처음 생성되었을 때 ➜ ❷ '폭죽' 위치로 이동하기 ➜ ❸ 모양을 보이기 ➜ ❹ 벽에 닿을 때까지 ➜ ❺ ❻~❼을 반복하기 ➜ ❻ 크기를 '0.3'만큼 바꾸기 ➜ ❼ 이동 방향으로 '5'만큼 움직이기 ➜ ❽ 이 복제본을 삭제하기

▲ 마우스 클릭 전   ▲ 마우스 클릭 후

힌트

실습파일에는 마우스를 클릭하면 이동 방향을 임의로 정하고 모양을 바꾼 후 복제본을 만드는 작업을 30번 반복하도록 코딩되어 있습니다.